Zwischen Meer und Bodden

ELKE ERDMANN

ZWISCHEN MEER UND BODDEN

Menschen auf Fischland und Darß

Für Anita & Klaus
als Dank für die selbstlose Hilfe
um meinen kranken Bruder Erich!

Herzlichst,
Elke
17. März 2022

HINSTORFF

Für Gudrun, Thea, Manfred & Marie-Luise, Anna,
Margot & Olga, Horst, Brigitte & Helmut und für Aurelia

Jeder Mensch sollte wissen, woher er kommt,
damit er weiß, wohin er gehört.

Herbststimmung am Grenzweg in Ahrenshoop, Blick auf die Ostsee

Vorwort

Während meiner Tätigkeit als Lehrerin an der Polytechnischen Oberschule in Born erfuhren wir im Kollegium nie etwas über das Leben der Flüchtlinge, die sich am Ende des Zweiten Weltkrieges und in den Monaten danach zahlreich auf dem Darß angesiedelt hatten. Und dies, obwohl etliche Betroffene in den 1970er Jahren mit diesem Hintergrund auch an unserer Schule arbeiteten.

Die Frau des Direktors, Gudrun Steinhauer, eine hervorragende Deutschlehrerin, wurde 1927 östlich von Stettin in Friedrichsdorf geboren. Das Dorf, damals mit 128 Einwohnern, gibt es nicht mehr. Die Bahn- und Poststation Christinenburg lag drei Kilometer entfernt. Die Mutter war bereits ein Jahr tot, als die acht Kinder im März 1945 flüchten mussten. Die Schulsekretärin Dorothea Erdmann, nur Thea genannt, Jahrgang 1932, stammte aus dem ostpreußischen Sidden, nahe Nikolaiken, Kreis Treuburg. Manfred Seidler, Lehrer für Mathematik und Physik, wurde 1935 in Statzen, ebenfalls Kreis Treuburg, geboren. Seine auffallend schön gekleidete Frau Marie-Luise, Biologie- und Chemielehrerin, kam 1941 in einem Luftschutzkeller in Stettin zur Welt. Anna Kophammel, geborene Puskeiler, Jahrgang 1937, Lehrerin für Chemie und Biologie, wurde mit ihrer Familie aus dem Hauerland der Slowakei vertrieben, aus Honneshau, heute Lúčky. Margot Poschke, Jahrgang 1939, geborene Pehn, Lehrerin für Musik und Geographie, stammte aus Lahna, Kreis Neidenburg in Ostpreußen. Horst Starzynski, Jahrgang 1941, Lehrer für Physik und Werken, flüchtete aus Chodzież bei Posnan mit seiner Mutter und Großmutter. Sie landeten in Hugelstorf bei Eixen in Vorpommern. Nach dem Tod der beiden Frauen, die Mutter starb in der Nacht neben dem Vierjährigen im Bett, lebte er in verschiedenen Kinderheimen, bis ihn Pflegeeltern zu sich nahmen.

Die Russischlehrerin Brigitte Kröpelin, eine geborene Kyjovsky, Jahrgang 1941, stammte aus dem mährischen Troppau. Ihr drei Jahre älterer Bruder Helmut Kyjovsky brachte „mit dem Abstand von mehr als 60 Jahren" handschriftlich die schlimmen Erinnerungen an die Vertreibung zu Papier, um sich ein wenig davon zu befreien. Vergessen kann er die entsetzlichen Ereignisse nicht. Noch immer sind ihm der Hunger und die Kälte im Gedächtnis. „Hungern bedeutet, daß man keine klaren Gedanken mehr fassen kann in Bezug auf Dinge, die *nicht* mit dem Essen zu tun haben. Alle Gedanken kreisen nur um eines: Wann, wo und wie werde ich endlich mal wieder satt?" In seiner 77 Seiten zählenden Niederschrift fasst er am Ende grundlegende Gedanken über das Flüchtlingsthema zusammen:

„Im Jahr 1945 kamen innerhalb weniger Monate 6,5 Millionen Flüchtlinge in das Gebiet der heutigen Bundesrepublik. Das ausgeblutete, total zerstörte, wirtschaftlich am Boden liegende, demoralisierte Land musste das verkraften. Die heutigen Generationen können nur erahnen, wie ungeheuer schwierig das war, besonders in den Großstädten. Gut, es kamen Deutsche zu Deutschen mit nur geringen kulturellen Unterschieden; aber dies waren Menschen, die traumatisiert, hungernd, oft krank, desillusioniert, ohne Hoffnung, *gezwungenermaßen* kamen. Zudem waren das fast ausschließlich alte Leute und Frauen mit Kindern, die jahrelange Hilfe brauchten, der Gesellschaft aber lange nichts oder nur wenig zurückgeben konnten.

Als Flüchtlingskrise wurde dies damals dennoch nicht eingestuft, obwohl es real eine war.“

Besonders erinnere ich mich an die kleine alte Frau mit dem hübschen Namen Aurelia, die alle Oma Gläser nannten und die immer schwarze Sachen trug. Sie säuberte täglich den Kindergarten und arbeitete dort auch als Beihilfeköchin für Olga Pehn, Mutter der Lehrerin Margot Poschke, die aus Ostpreußen stammte. Aurelia Gläser wurde 1904 in Aussig im Sudetenland geboren. Sie war in ihrer Heimat Hutmacherin, vornehmer: Modistin.

Ihnen und allen, die Ähnliches erlitten, widme ich mein Buch.
Bei Hausbesuchen merkte ich schon während meiner Lehrertätigkeit, dass beinahe in jedem zweiten Darßhaus Flüchtlinge oder von der Heimat Vertriebene lebten. Durch diese Menschen lernte ich Geschichte und Geographie und entwickelte viel Empathie für sie. Meine eigene Kindheit verlief durch den frühen Tod meiner Mutter nicht glücklich. Sie starb bereits mit 29 Jahren und hinterließ drei Kinder und unseren Vater. Doch wir litten nie an Hunger oder Kälte.

Seit der politischen Wende 1989/90 beschäftige ich mich intensiv mit Menschen, die an den Küsten von Meer und Bodden leben, mit ihren Schicksalen, die eng mit den gesellschaftlichen Systemen verknüpft sind. In dem vorliegenden Buch stelle ich in 23 kleinen Portraits und zwei Reportagen besondere Leben vor. Die Texte erschienen in den vergangenen Jahren in der „Ostsee-Zeitung“ oder im Magazin „kultur kalender“. Ich habe sie aktualisiert und ergänzt.

Ein Bauhäusler auf dem Darß in Born

Peter Keler, 1898

„Er hätte auch ein Grundstück in Ahrenshoop auf dem Schifferberg haben können. Aber der ganz nahe Boddenblick in Born, das Unmittelbare am Wasser, die Wolkentürme, das ständig wechselnde Licht, ist für einen Menschen, der Natureindrücke verarbeitet, das Bessere", erklärt Jan Keler, Jahrgang 1941, die Wahl für den Sommersitz seines Vaters. „Der norddeutsche Raum war die eigentliche Heimat des Malers Peter Keler. Er hat sich in Thüringen nie richtig zu Hause gefühlt."

Peter Keler war auf der Suche nach einem Grundstück in Born, während ein Gewitter tobte. Als es vorbeigezogen war, lag in der Südstraße ein riesiger See. Er blieb vor der „Pfütze" mit dem Auto stehen. Der alte Fleischer Ernst Scharmberg guckte über den Zaun. Keler erklärte sein Anliegen. „Dat kannst ok von mi hemm", sagte der Fleischer. Dessen altes Schlachthäuschen, vier mal vier Meter, machte sich der Künstler bewohnbar mit den damaligen Möglichkeiten. Wasserpumpe auf der Wiese, Herzhäuschen 20 Meter vom Haus entfernt. Peter Keler war 65, als er 1963 das völlig verwahrloste Gebäude mitten in Brennnesseln und Schilf kaufte. Der Umbau begann umgehend. Sein kleines Sommerhaus nannte er „Schlachtschiff".

In Born begann Peter Keler auch wieder zu malen. Er war allein, hatte kein Telefon, keinen Fernseher und freute sich über Besucher, denen er mitunter seine Arbeiten zeigte. So auch das Bild „phylax", das einen Pekinesen darstellt, eine Hommage an den Hund eines be-

Peter Keler: „phylax", Materialcollage

◂ *Peter Keler mit seiner Ehefrau Hilde, 1930er Jahre*

nachbarten Seemannes. Es ist eine wundersam angelegte Collage, die den Humor des Künstlers erahnen lässt. Sie erinnert an die Porzellanhunde, die bedeutungsschwer in vielen Fenstern der Seeleute standen. Kelers „phylax" hockt auf grünem Grund mit Splittern aus Malachit vor einem weinroten Hintergrund. Kam ein Herr in sein Atelier, sagte Peter Keler verschmitzt: „Da habe ich ein nuttiges Rot genommen." Kam eine Dame: „Da habe ich ein kräftiges Bordeaux gewählt." Die Augen des Hundes sind Knöpfe, das Maul eine Spirale, das Halsband eine Kordel, die zugleich das Fensterkreuz imitiert. Rechts und links finden sich feine weiße Spitzengardinen. Ehefrau Hilde Keler arbeitete als Schneiderin. Somit gab es genügend Material für den einfallsreichen Künstler.

Peter Keler wurde im Sternzeichen Schütze geboren, am 2. Dezember 1898 im schleswig-holsteinischen Preetz bei Kiel – die Stadt der Schuhmacher. Die Eltern waren als Schuhhändler tätig. Nach dem Schulbesuch und Kriegsdienst als Soldat in Frankreich besuchte Peter Keler die Kunstgewerbeschule in Kiel. Über den Worpsweder Künstlerkreis gelangte er an das Staatliche Bauhaus in Weimar. Dort entwickelte er 1922 die Form einer Kinderwiege streng nach Wassily Kandinskys Farbenlehre aus blauen Kreisen, gelben Dreiecken und roten Rechtecken. „Sie ist ein heiteres Beispiel für die Verbundenheit von Farb- und Formtheorien mit handwerklicher Praxis", heißt es in der Broschüre „werkstattarbeiten" vom Bauhaus Weimar. Das Bauhaus zog 1925 nach Dessau um, nachdem die neu gewählte rechte Regierung in Thüringen den Etat gekürzt hatte. Seitdem arbeitete Keler freischaffend im eigenen Atelier für angewandte Malerei, Werbegrafik und Innenarchitektur, kurzzeitig in Weimar, dann in Dresden und von 1937 bis 1942 in Berlin. Er entwarf unter anderem Stühle aus Holz und Rohrgeflecht oder Leder für die Firma Albert Walde im sächsischen Waldheim.

Im Rahmen seines Militärdienstes wurde der Künstler 1943 als Archivar der „Kriegsmaler der Polizei" abgestellt und hatte in Reichenberg, heute Liberec, die „Schlacht- und Kampfschinken" der Nazis zu verwalten. „Das war in Kriegszeiten kein allzu schlechter Posten", sagt Sohn Jan. Während des Krieges wurde die Berliner Atelierwoh-

Die 1922 von Peter Keler gestaltete Wiege ist reines Bauhaus.

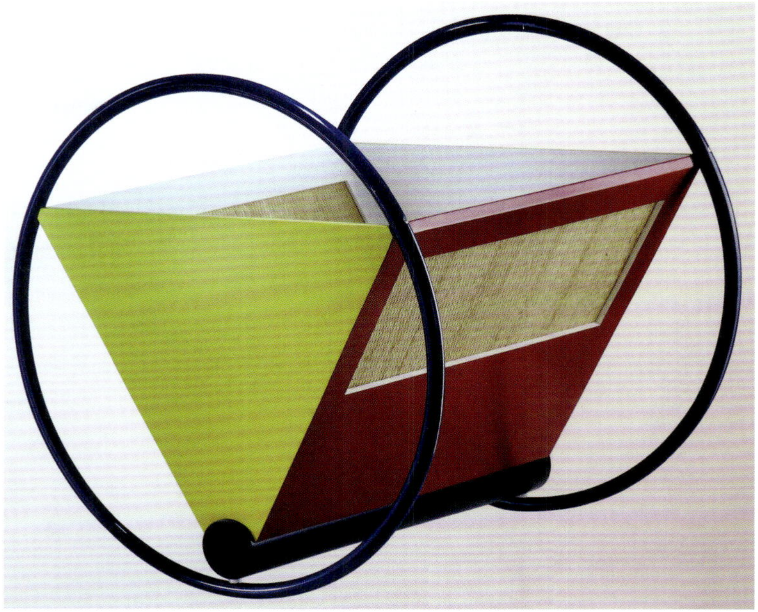

nung seines Vaters am Rüdesheimer Platz in Wilmersdorf ausgebombt. Viele Arbeiten, auch aus der Bauhauszeit, gingen so verloren.

Peter Keler kehrte 1945 nach Weimar zurück und wurde hier vom Architekten Hermann Henselmann an die neu gegründete Hochschule für Architektur und bildende Künste als Professor für die Lehrgebiete Ausstellungs- und Museumsgestaltung, Licht und Architektur sowie Licht und Farbe berufen. Nach seiner Emeritierung 1963 lebte und arbeitete er im Sommer in Born auf dem Darß. Die Winter verbrachte er in Weimar. Keler beherrschte viele Kunststile. Typische Motive des Boddendorfes Born verdichtete er variationsreich in Öl auf Hartfaser in einigen Bildern.

Der Kunstkaten Ahrenshoop präsentierte 1978 anlässlich seines 80. Geburtstages Ölbilder aus den letzten 15 Jahren. Peter Keler starb am 11. November 1982 in Weimar. Seine Kinderwiege und andere Modelle produziert noch heute die Firma „Tecta" in Lauenförde an der Weser.

Sohn Jan und dessen Ehefrau Sigrid Keler entwickelten sorgfältig und achtsam das Wassergrundstück zu einer naturbelassenen Wiese, in der im Frühjahr große Büschel von Sumpfdotterblumen, mehr als tausend Orchideen – Breitblättriges Knabenkraut –, Wiesenschaumkraut, rosafarbene Kuckucks-Lichtnelken und knallgelbe Hahnenfußgewächse in der Sonne leuchten. Das ist ein Geschenk an die Natur!

Peter Keler 1965 in Born

Ein ungewöhnliches Leben in Wieck

Gisela Günster, 1912

„Heute habe ich ein bisschen kleine Wäsche gemacht und sie draußen aufgehängt. Die wurde gleich ganz steif", erzählte mir die 97-jährige Gisela Günster im Winter des Jahres 2010. Sie bewohnte in Wieck auf dem Darß ein Rohrdachhäuschen von 1885. Das Baujahr ist in Lehm eingedrückt. „Es hat bewegte Zeiten gesehen." Noch heute steht es unversehrt mitten im Wald, umfriedet von einem Zaun. Da springen die Hirsche drüber und suchen Eicheln. „Die fressen alles ab. Wenn ich im Bett liege, geht die automatische Lampe an. Da steht der vor dem Fenster mit seinem mächtigen Geweih. So ein Tier kann man nicht erschießen!"

Doch der Frost machte auch Gisela Günster zu schaffen. „Ich habe den Winter nie geliebt. Aber jetzt ist er zur Unartigkeit geworden." Mit dem Alltäglichen war sie gefordert. „Ich muss morgens und abends den Kachelofen heizen und den Herd in der Küche. Meine Hofpumpe ist eingefroren. Ich lebe so, wie wir früher hier gelebt haben." Auch das Essen kochte sie sich selbst. Doch einmal in der Woche kaufte Hannelore Budde aus Wieck für sie ein und brachte in zwei großen alten Milchkannen 40 Liter Wasser.

Gisela Günster, geborene Rosenow, Berlinerin mit pommerschen Wurzeln, kam 1912 auf die Welt. Ihre Eltern stammten aus Stralsund. Das kleine Haus im Wald erwarben sie 1918 von einem Ehepaar aus Rostock, weil der rachitisch kranke Bruder Detlef See- und Waldesluft brauchte. Der Vater war Kaufmann. „Er ist 1918 aus dem Krieg gekommen, ein seelisch gebrochener Mann. Das Kriegserlebnis hat ihn fertig gemacht. Er hatte nachts schlimme Träume, schreckte auf, hat sehr gelitten. Meine Mutter war eine gesunde, starke Frau. Sonst hätte sie das nicht ertragen. Mein Vater war so dankbar für ein richtiges, normales Leben. Er war herzkrank und ist dann mit 60 Jahren gestorben."

Nach dem Lyzeum in Berlin absolvierte Gisela Rosenow eine kaufmännische Lehre, lernte Buchhaltung, Stenographie und Schreibmaschine, arbeitete im Ministerium für Landwirtschaft und in der Rüstungsindustrie in Berlin-Britz. „Da habe ich es nicht lange ausgehalten. Ich saß isoliert in einem Gebäude. Dort bediente ich erstmalig einen Fernschreiber." Am besten ging es ihr, als sie in einem Reisebüro einen Italiener zum Chef hatte, einen Marchese. Gisela Günster arbeitete in der Abteilung Gesellschaftsreisen. „Das war interessant: Pässe, Devisen, Instruktionen. Alles, was ein Reisender braucht, musste ich organisieren." In Berlin erlebte sie die Pianistin Elly Ney und wunderbare Konzerte mit dem Dirigenten Wilhelm Furtwängler.

Gisela Rosenow heiratete und gelangte im Herbst 1938 nach Wien, durch ihren Ehemann Josef, der Offizier und dienstverpflichtet war. Sie zogen in eine Siedlung, die direkt neben dem Barock-Schloss Schönbrunn lag. Noch im selben Jahr brachte sie Ingrid zur Welt, 1939 Dagmar und im Mai 1941 Ulf-Uwe. „Als im Oktober 1941 mein Mann fiel, stürzte der Himmel über mir ein. Aber in der Not hat sich mein Glaube gefestigt." Wegen der Bombardierungen flüchtete sie 1944 mit ihren Kindern nach Wieck – aus 162 Quadratmetern Wohnraum in das 36 Quadratmeter kleine Haus. „Das geht nur, wenn man alles stehen- und liegenlässt. Dadurch habe ich meine Kinder gerettet. Sie gingen in Wieck zur Schule. Der Schulleiter Helmut Boczek

▲ *Das Rohrdachhäuschen, Domizil von Gisela Günster, im Winter 2010*

▲ *Gisela Günster pumpt mühselig Wasser.*

▲ *Gisela Günster in ihrem kleinen Wohnzimmer*

war prima. Armselig war das Leben. Hunger ist ein verdammtes Gefühl. Wir aßen Melde und Sauerampfer, holten alles Essbare aus dem Wald, bestellten den Garten und einen Acker mit Kartoffeln, Möhren und Kohl." Von 1959 bis 1962 arbeitete Gisela Günster in der Reichsbahnschule Prerow als Sekretärin, später noch einige Jahre in Zingst auf dem Bahnhof. Sie gestaltete Ferienspiele für Kinder und gab Christenlehre, während der Weihnachtszeit sogar in ihrem Wohnzimmerchen.

„Ich habe 18 Günster-Nachkommen. Aber leben möchte ich gern allein. Das Einfache ist oft das Beste. Ich bin die Selbständigkeit gewöhnt und die Freiheit." Gisela Günster sagte: „Kunst ist was Gutes, was Nettes. Aber die Natur ist alles. Allein der Sternenhimmel ist faszinierend in der Kälte. Die Farben im Winter überhaupt. Diese zarten Farben."

Einige Zeit nach unserem Treffen starb Gisela Günster – am 18. April 2012. Sie wurde fast 100 Jahre alt.

Eine Ahrenshooper Geschichte

Marianne Clemens, 1912

Marianne Clemens hat den Tisch mit frischen Blumen geschmückt, Hefekuchen vom Ahrenshooper Bäcker Hagedorn geholt und Tee gebrüht. Es ist warm und gemütlich in ihrem geräumigen Wohnzimmer, als wir uns im August 2010 treffen. Bilder und Bücher, darunter ihre eigenen, lassen ihre Lebensart erkennen. Anschaulich wie sie schreibt, erzählt sie und greift zum Lexikon, wenn sie sich unsicher ist.

„Drei meiner Söhne haben in diesem Jahr runde Geburtstage … so unwahrscheinlich es für eine Mutter klingt: Reinhart wird siebzig Jahre alt – 70 –. Die Zwillinge, Thomas und Peter, werden sechzig Jahre alt, die Babys 60 – die Kinder sind nun wohl endgültig erwachsen …" Das schreibt Marianne Clemens in ihrem 2008 veröffentlichten Buch „Aus Lehm und Schilf". Es ist „Die Geschichte eines Ahrenshooper Hauses" in der Dorfstraße 14, das da steht, wo noch in der Düne die Stranddistel und das Seifenkraut blühen. Zuerst war es die Häuslerei 35, danach hieß es Haus Kaysel nach dem Großvater von Marianne Clemens, Otto Kaysel, der als Rechtsanwalt, Notar und Senator in Ludwigslust arbeitete und es am 9. April 1896 „für den wohlbehandelten Kaufpreis von zweitausend und achthundert Mark" erwarb.

Er war ein Kunstliebhaber, „der selbst lieber Dichter als Jurist geworden wäre". Bereits 1897 ließ Otto Kaysel am Haus aus der Gründerzeit eine Veranda, einen Balkon, einen Turmaufbau und einen Vorbau vor der Eingangstür errichten.

Jahrelang hatte es Otto Kaysel und seine Frau an die Müritz gezogen, „aber eines Tages gefiel ihm das überhaupt nicht mehr". Er fand Ahrenshoop, „wo die Stranddistel und das Seifenkraut gedeihen, wo die verkrüppelten Kiefern stehen, wo der Darß beginnt und der Leuchtturm blinkt – procul negotiis beim Kreuzdornbusch im Dünengras …" Damit zitierte der hoch gebildete Mann den ersten Vers aus dem 2. Gedicht der Epoden des lateinischen Dichters Quintus Horatius Flaccus: „Beatus ille qui procul negotiis", übersetzt: „Glücklich ist jener, der fern von den Geschäften ist."

Marianne Clemens mit der Kunsthistorikerin Dr. Heidrun Lorenzen vor dem Gemälde „Kühe im sandigen Hohlweg" von Oskar Frenzel, 19. Juni 2011, Ahrenshooper Strandhalle

▲ *Das Haus Kaysel in Ahrenshoop*

Das 40 Seiten zählende Buch von Marianne Clemens verknüpft ihr Leben mit der Ahrenshooper Geschichte. Sie schrieb es, um die eindrucksvollen Geburtstage ihrer Kinder zu würdigen und sie damit zu erfreuen.

Marianne Clemens wurde am 23. November 1912 in Leipzig als Marianne Ziel in der Privatklinik des jüdischen Professors Littauer geboren. „Gleich der erste Schütze nach den Sternzeichen." Das Haus in Ahrenshoop nutzten die Ludwigsluster Großeltern zunächst nur in den Ferien, es war aber auch Treffpunkt der Maler, die im Dorf in den kleinen Hinterzimmern der Büdner lebten. „Ich wuchs mit meiner Schwester Lore in Stühlen auf, die diese Künstler aus Lindenholz für den Großvater geschnitzt hatten." Bereits im Ersten Weltkrieg, als der Vater von Marianne Clemens in Berlin und später in Belgien „dienstverpflichtet" war, zog die Mutter mit den beiden Töchtern ins Sommerhaus nach Ahrenshoop. Man schrieb das Jahr 1916. „Ich erinnere mich noch an die stinkenden und blakenden Karbidlampen und an die gefährlichen Kerzen auf den Nachttischen." Auch ab 1933 war Ahrenshoop nicht mehr nur Ferienort, sondern zeitweiliges Zuhause der Familie.

Marianne Ziel feierte am 2. August 1933 mit Walter Clemens in der Kirche zu Wustrow auf dem Fischland Hochzeit. Im blumenumrankten Auto von Fritz Wegscheider, der die „Bunte Stube" besaß, fuhren sie zur Vermählung. Die Kirche war mit Sonnenblumen geschmückt, Asternköpfe säumten den Weg. „Mary von Paepcke, die Tochter der Malerin Elisabeth von Eicken, spielte die Orgel. Der weißhaarige Professor Reinhold Seeberg aus Berlin traute uns, und beim festlichen Mittagsmahl in unserer brütend heißen Veranda hielt der 90-jährige Großvater stehend eine Rede in Gedichtform." Sie begann mit den Versen: „Wellen, Luft und Sand und Dünen, – / Lauter Dinge, die ich lob', / Dinge, die ich tadeln möchte, / gibt es nicht in Ahrenshoop." Noch nicht, möchte man hinzufügen.

Als Günther Demmig am 25. August 2010 Stolpersteine in Althagen für die beiden Jüdinnen Edla Charlotte Rosenthal, Malerin, und für die Bakteriologin Elza Kohlmann verlegte, war Marianne Clemens auch dabei. „Meine Mutter, selbst Halbjüdin, hat mich und meine Schwester oft zu Fräulein Rosenthal mitgenommen. Ich war immer hingerissen von ihrem Blumengarten am Bodden."

Als die inzwischen in Hamburg lebende Marianne Clemens nach 1990 wieder nach Ahrenshoop kommen konnte, bemühte sie sich darum, das ihr und ihrer Schwester gehörende Haus zurückzuerhalten. Es war in der DDR enteignet worden. Weil das gelang, pendelte sie trotz ihres hohen Alters ständig mit dem Auto zwischen Hamburg und Ahrenshoop hin und her, bis die Söhne es verboten. Dann reiste sie mit dem Zug.

Marianne Clemens sagte: „Im Grunde bin ich dankbar. Ich habe von der Natur die Eigenschaft mitbekommen, dass ich das Gute länger behalte."

Eine Eigenschaft, die mit ein Grund dafür sein kann, dass sie noch lange nach unserem Treffen lebte. Sie starb am 12. Mai 2018 im Alter von 105 Jahren.

Talentchen wuchs zur Meisterschaft

Agnes-Marie Grisebach, 1913

„Wenn man blind ist und gehbehindert und herzkrank, muss man seine Intimsphäre aufgeben." Das schreibt Agnes-Marie Grisebach in ihrem Buch „Von Anfang zu Anfang", das sie mit fremder Hilfe auf den Weg gebracht hat. Weil sie im Alter erblindet war, musste sie den Text diktieren und darauf vertrauen, dass er wortgetreu aufgeschrieben wurde.

Pünktlich zu ihrem 90. Geburtstag am 2. September 2003 erschien dieser dritte Band ihrer Trilogie im Fischer Taschenbuch Verlag. Damit schloss sie ihr autobiographisches Lebenswerk ab. Nach „Eine Frau Jahrgang 13" und „Eine Frau im Westen" verließ die Autorin die Romanform, schob ihre bisherige Hauptfigur Erika Kernrebe beiseite und offenbarte sich mit ihrem wirklichen Namen:

Agnes-Marie Grisebach. Sie wurde 1913 in Berlin-Grunewald geboren. Die Mutter starb mit 27 Jahren an der spanischen Grippe. Die drei Geschwister litten unter den wechselnden Hausdamen, die sich um die Kinder kümmern sollten. Besonders aber unter einer, die sich „Schwester Laura" nennen ließ. Während ihrer Herrschaft war die Wohnung „so steril wie ein Operationssaal". Die Sehnsucht nach der Mutter hörte nie auf.

Agnes-Marie Grisebach besuchte die Schauspielschule in München. Sie arbeitete dort und in Breslau am Theater. 1936 heiratete sie und lebte dann als Hausfrau und Mutter in Rostock. Nach Krieg und Scheidung sorgte sie allein für ihre Kinder. 1952 floh sie in den Westen, „mit fünf Rucksäcken, zwei Koffern, fünf Mark in der Tasche und vier Kindern im Alter von sieben bis dreizehn Jahren". Nicht nur der Beginn in der neuen Umgebung war schwer. Bis 1973 arbeitete die alleinstehende Frau als ungelernte Kraft in einer Bremsen- und Kupplungsfabrik in Heidelberg. Dort bekam sie unter anderem zu hören: „Wenn Sie noch einmal als Grund Ihrer Verspätung Ihre Kinder angeben, sind Sie fristlos entlassen." Ständig lebte sie unter diesem Druck.

Agnes-Marie Grisebach beschreibt in „Von Anfang zu Anfang" auch die Konflikte um das 1996 zurückerhaltene Haus im Paetowweg in Ahrenshoop, das der ehemalige Ost-CDU-Chef Gerald Götting

Gertrud Wegscheider von der „Bunten Stube" gratuliert Agnes-Marie Grisebach zum 90. Geburtstag.

▲ *Das 1913 von Helmuth Grisebach erbaute Haus auf einem Hügel am Schifferberg in Ahrenshoop*

1974 erworben hatte. Jahrelang musste sie um die Rückübertragung kämpfen.

Intensiv und in verblüffender Ehrlichkeit setzt sie sich mit der eigenen Familiengeschichte auseinander – und zeichnet ein kritisches Bild der Gesellschaft, die für Ungerechtigkeiten gegenüber Frauen und besonders alleinstehenden Müttern verantwortlich war.

Ihrem Enkel Moritz, der oft ihr „kleiner Schlafbursche" gewesen war, erzählt sie die Geschichte eines Jungen, der immer die Sonne

▸ *Agnes-Marie Grisebach mit ihrem Buch „Eine Frau Jahrgang 13"*

im Blick behielt und „vom Anfang zum Anfang" um die Erde gelaufen ist. So ging es auch Agnes-Marie Grisebach. Ihre Lebensreise endete 1997 nach vielen Auf- und Niedergängen in Ahrenshoop, hier kam sie zur Ruhe. „Jetzt war ich wieder in meinem Element", schreibt sie. Das 1913 von ihrem Vater Helmuth Grisebach erbaute Haus auf einem Hügel am Schifferberg war und blieb Dreh- und Angelpunkt ihres Lebens.

„Herbstdepression" ist eines ihrer gereimten Gedichte, die sie in ihr letztes Buch eingestreut hat:

> „Ein alter Baum steht einsam da und reckt
> die kahlen Zweige traurig in die Luft.
> Vom Boden, der noch seine Wurzeln deckt,
> entströmt der faulen Blätter Grabesduft."

Ihre Verse von „Mein Talentchen" formte die Schriftstellerin Ruth Kraft um und zitierte anlässlich einer Geburtstagfeier vor 100 Gästen einschließlich fast aller Nachkommen der Agnes-Marie Grisebach: „Sie nahm es beim Händchen, ihr kleines Talentchen …" und ließ es mit den Worten enden: „Und nun bezeugt die Leserschaft, Talentchen wuchs zur Meisterschaft."

Nach der Feier schrieb die betagte Dame, die sich gern mit einer Perlenkette schmückte: „Meine lieben Geburtstagsbesucher. Ich war so gerührt, dass Sie extra hergekommen sind und was mitgebracht haben und dass Sie überhaupt meinen Geburtstag noch im Kopf haben. […] Es macht mich so glücklich hier in Ahrenshoop, dass immer so viele Menschen kommen. In Neu-Isenburg bei Frankfurt", lange Zeit ihr Wohnsitz, „hatte ich kaum jemals Besuch. In der Stadt sind die Menschen viel einsamer, und ich bin dankbar dafür, dass ich Sie alle hier habe."

Agnes-Marie Grisebach starb am 6. März 2011 in ihrem Haus in Ahrenshoop.

Erinnerungen einer Ofensetzerin

Magdalene Hansen, 1920

Wie die Zingster Heimatdichterin Martha Müller-Grählert war auch Magdalene Hansen „ein kleines Malörchen". Sie sagte es drastischer: „Oh Schreck der Familie, außerehelich geboren, ein Fehltritt meiner Mutter." Das sollte sie oft zu spüren bekommen, nachdem sie 1920 auf dem Fischland zur Welt gekommen war. „Es ist dorfbekannt gewesen, wer mein leiblicher Vater war. Mutter war bei einem Wustrower Hotelbesitzer in Stellung. Ich wuchs bei meinen Großeltern auf."

Später heiratete Mutter Helene den Hamburger Ulrich Hansen. Er war Töpfermeister, auch Keramiker und hatte vor dem Ersten Weltkrieg 20 Jahre in China gearbeitet. Der Adoptivvater war Magdalene sehr zugetan. Bei ihm lernte sie 1946 das Handwerk des Ofensetzers, legte sogar die Gesellenprüfung ab. Ein Bild, das die aus Hamburg stammende Malerin Hedwig Woermann 1951 in Mischtechnik auf Leinwand schuf, zeigt Magdalene Hansen beim Bau eines runden Kachelofens (siehe Seite 22).

Bei Woermann erhielt sie Malunterricht, zeichnete hauptsächlich Blumen, weil sie eigentlich nach Burg Giebichenstein sollte, um Porzellanmalerin zu werden. Hedwig Woermann fertigte von Magdalene eine Maske aus Ton an und sagte. „Du musst nicht denken, dass Du 'ne Schönheit bist, aber so einen interessanten Kopf hat man nicht alle Tage vor sich." Magdalene nahm auch Gesangsstunden. Wenn sie laut im Garten übte, sagten Nachbarn: „Wat hett de Düwel wedder in de Kähl!"

Magdalene Hansen war wie viele Mitglied im Bund Deutscher Mädel, BDM, gewesen. Als die Gruppe auf dem Saaler Bodden Schlittschuh lief, brach sie im „Bolleis" ein – im Hohleis, unter dem das Wasser ausgefroren ist. „Da bin ich nach Hause gegangen, ohne mich abzumelden. Das war der Grund für den Ausschluss aus dem BDM."

Sonnabends, wenn die anderen frei hatten, musste sie dafür in die Schule. Das tat ihr gut, denn in der Klasse wurde sie sonst meist übersehen, auch wenn sie den Finger hob. Doch schien die Sonne durchs Fenster, wärmte sie ihr den Rücken und die Seele.

Magdalene Hansen in ihrem Wohnzimmer

Hedwig Woermann: „Ofensetzerin von Wustrow.“; Mischtechnik/Leinen 1951 (im Depot der Galerie im Kloster zu Ribnitz, Kunstverein Ribnitz-Damgarten e.V.; Rechtinhaber: Kunstsammlung des Landkreises Vorpommern-Rügen)

Ein Fensterladen des Hauses von Magdalene Hansen mit einem von ihr gemalten Blumenmotiv, Zustand 2021

Zu Beginn des Zweiten Weltkrieges lernte Magdalene Hansen in Kühlungsborn Kochen, gelangte nach Berlin als Haushaltshilfe und erhielt eine Ausbildung zur Fernsprecherin im Nachrichtenwesen. Sie wurde zum Nachrichtendienst zur Luftwaffe ins norwegische Trondheim beordert. „Ein Taufbecken im Dom ist das gleiche wie in der Wustrower Kirche. Da habe ich mich sofort heimisch gefühlt“, sagte Magdalene Hansen. Bei der mittelalterlichen Tauffünte in Wustrow handelt es sich um eine aus französischem Kalkstein, gehauen in der Werkstatt eines Meisters im schwedischen Gotland.

In Trondheim sang Magdalene Hansen im Domchor wie zuvor unter Leitung von Inge Lettow in Wustrow. Die Organistin war Tochter des Fischländer Arztes Dr. Ulrich Lettow.

Erst 1946 kam Magdalene Hansen aus Norwegen, wo sie zuletzt in englischer Gefangenschaft gewesen war, zurück. Nun begann sie die Lehre als Ofensetzerin. Als der Vater 1950 starb, übernahm sie den Gesellen und einen Lehrling. Viele Öfen wuchsen unter den Händen der kleinen Frau. Auch den Kachelofen in ihrer Wohnstube baute sie selbst.

Bei Pastor Hanns Wunderlich war sie Küsterin. „Der hat sich nicht gescheut, die Alten und Kranken zu versorgen.“ Die letzten Arbeitsjahre verbrachte Magdalene Hansen bei der Post.

Betrat man ihr Haus, eine ehemalige Büdnerei im Kuhleger, hatte man das Gefühl, die Zeit sei stehengeblieben wie ihre Pendeluhr. Seefahrermitbringsel und Kulturgut, das an die China-Epoche ihres Adoptivvaters erinnert, waren ihr Vermögen. Doch als ihr größter Schatz erwies sich die Katechetin und Organistin Christa-Marie Langhans, die sie täglich zum Mittagessen holte. Die zehn Jahre jüngere Freundin schätzte Magdalene Hansen sehr, „weil sie den Blick für das Schöne hatte, ein ausgeprägtes ästhetisches Empfinden. Und sie liebte Tiere, besonders ihre Katzen.“ Christa-Marie Langhans, Jahrgang 1930, erinnert sich auch, dass Magdalene Hansen für die alljährlichen sechs „Sommerabendfeiern“ mit Musikern, die unentgeltlich spielten, die Kirche mit wunderbarem Blumenschmuck ausstattete. Schon damals wurde von den Spenden die 1970 eingebaute Jehmlich-Orgel mitfinanziert.

Magdalene Hansen starb am 17. März 2011 in ihrem Haus.

Eine Schildbürgerin in Ahrenshoop

▸ Ruth Kraft, 1920

„Das Leben ist meine Universität." Diesen Satz von Maxim Gorki zitierte die Schriftstellerin Ruth Kraft gern bei Lesungen, denn sie war wie auch Walter Kaufmann Autodidakt. Zu ihren Hauptwerken zählen die Romane „Insel ohne Leuchtfeuer", 1. Auflage 1959, und der Folgeband „Menschen im Gegenwind", 1965, erschienen im Verlag der Nation. Den ersten Band widmete sie ihrer Tochter Ines „mit dem Wunsche, daß sie Leuchtfeuer findet, die ihr die Orientierung im Leben leicht machen. Babelsberg am 1. August 1959, da Du 4 Jahre alt bist. Deine Mutter."

Die Ereignisse in der Heeresversuchsstelle Peenemünde auf der Ostseeinsel Usedom, wo die V2-Rakete entwickelt und gegen England eingesetzt wurde, bilden den historischen Hintergrund für ihren Roman. Die Schulfreundin Adelheid Vollmer aus dem Lyzeum in Torgau hatte die kluge und hübsche Ruth Kraft 1940 nach Peenemünde geholt. Dort arbeitete sie als technische Rechnerin. So konnte sie später Dichterisches und Tatsachen zu einem eindrucksvollen Bild vereinen. Bis 1989 erschienen 23 Auflagen mit 440 000 Exemplaren. „Insel ohne Leuchtfeuer" wurde in fünf Sprachen übersetzt. Der Hauptfigur Eva Leonhardt begegnen die Leser in „Menschen im Gegenwind" erneut: als Journalistin in einer süddeutschen Stadt, als Stiefkind des Wirtschaftswundersegens, voller enttäuschter Hoffnungen.

Ab 1953 verbrachte Ruth Kraft jährlich die Sommerferien mit ihren Kindern René und Ines, die nur Pitt und Mummel hießen, in Ahrenshoop. „Meine Mutter schrieb im Garten unterm Apfelbaum. Am Nachmittag brachte sie in einer großen Tasche das Essen an den Strand. Zogen ‚Ruths Kaffeewolken' auf, fuhren wir im Auto zum Café Saatmann nach Althagen", erzählt Ines Bussenius. Bruder René, leidenschaftlicher Weststrandwanderer, starb 58-jährig, lange vor seiner Mutter, im Jahre 2009.

Ruth Kraft wurde am 3. Februar 1920 in Schildau geboren. Sie war also eine echte Schildbürgerin aus dem Freistaat Sachsen. Das dortige „Museum der Schildbürger" widmet sich deshalb nicht nur den Schildbürgern und dem hier zur Welt gekommenen großen Patrioten aus der Zeit der Befreiungskriege Generalfeldmarschall Neidhardt von Gneisenau (1760–1831), sondern auch der Schriftstellerin Ruth Kraft, Ehrenbürgerin der Stadt. Sie überarbeitete das historisch überlieferte, 1598 erstmals erschienene Schildbürgerbuch. Die von ihr 1953 herausgegebene und kommentierte Neuausgabe im Carl Hinstorff Verlag Rostock schmücken Zeichnungen von Fritz Koch-Gotha, der in Althagen auf dem Fischland lebte. „Der *Carl Hinstorff Verlag* zählte in den Fünfzigerjahren zu den wenigen, der noch von einer Verlegerpersönlichkeit der alten Schule geleitet wurde." Rudolf Leonhard hatte zu ihr gesagt, als sie ihm von ihrer Bearbeitung des alten Schildbürgerbuches erzählte: „Du bist bei Peter E [Peter E. Erichson] gelandet, da bist du gut aufgehoben."

Ruth Kraft bearbeitete den Stoff 1985 noch einmal und schrieb später in ein Exemplar: „Mein Schelmenbuch für die kleine Schelmin Nora, meine jüngste Enkelin, von Omi Ruth."

Die kleine Schelmin inszeniert mittlerweile Theaterstücke, etwa 2020 „Iphigenie auf Tauris" von Goethe im Theater PARK AUE, Junges Staatstheater Berlin. Mit ihrer Berufswahl stieg Nora Bussenius auch in die künstlerischen Fußstapfen ihres Großvaters Hans Bus-

Die junge Ruth Kraft in Peenemünde (Fotonachlass Ruth Kraft)

senius (1906–1993), der Regisseur beim Rundfunk in Leipzig war. Bei ihm hatte Ruth Kraft Sprechunterricht genommen. Die Liebe zur Literatur und zum Theater führte beide zusammen. Sie arbeitete als Autorin für Rundfunksendungen, er als Regisseur. 1949 heiratete Ruth Kraft den um 14 Jahre älteren Berliner aus dem Wedding, der „als Kind noch zu Kaisers Geburtstag schulfrei gehabt" hatte. Da die Schwiegermutter in Charlottenburg lebte, war die Familie nach dem Mauerbau 1961 getrennt.

◂ *Ruth Kraft in Ahrenshoop (Fotonachlass Ruth Kraft)*

Ruth Kraft schrieb nach der Heirat unter ihrem Mädchennamen weiter, zunächst Kinderbücher und – nachdem 1951 der Sohn geboren worden war – Mitte der 1950er Jahre ein Szenarium für einen populärwissenschaftlichen Film über *gutes* Kinderspielzeug und Kinderbücher.

Nach der Kritik ihres Kinderbuches „Lutz und Frosch und wie sie alle heißen", die Auguste Wieghardt-Lazar übte, Autorin von „Sally Bleistift in Amerika", schrieb sie: „Ich hatte nun zu lernen, dass Literatur, in der das gesellschaftliche Umfeld nicht erkennbar wurde, eine Flucht in die Idylle war – und schädlich."

Ihre autobiographischen Erinnerungen titelte Ruth Kraft „Leben von der Pike auf". Das Buch erschien im Jahre 2000 in der Torgauer Verlagsgesellschaft und ist eine literarische Fundgrube.

Nach der konfliktreichen Insel ohne Leuchtfeuer auf Usedom hatte Ruth Kraft den bleibenden und inspirierenden Ferienort Ahrenshoop gefunden, mit einem nahen Leuchtfeuer am Darßer Ort, mit einem Wohlleben für die Familie und Freunde, denen sie immer eine großartige Gastgeberin war. Zur Trauerfeier 2015 sagte Tochter Ines: „Die Familie wurde sehr international. Zweimal Deutsch/Französisch und einmal Deutsch/Englisch. Für Ruth, die einen Vater hatte, der im Ersten Weltkrieg in Verdun gegen die Franzosen kämpfte, und Ruth selbst, die im Zweiten Weltkrieg an der V2 mitarbeitete, war diese Entwicklung, 70 Jahre Frieden und Liebe bis hinein in die Familie, ihre größte Erfüllung, die sie sehr, sehr glücklich machte."

Ruth Kraft wurde auf dem Ahrenshooper Schifferfriedhof bestattet. Der Grabstein zeigt zum Meer, das sie sehr liebte.

Diamantene Hochzeit in Born

▸ Marga und Waldemar Martens, 1920 und 1926

„Meine Wiege stand in einem von den Eltern ersparten Häuschen in Prerow auf dem Darß, dicht am Waldrand", schreibt Waldemar Martens in seinem Buch „Wo Adler noch und Stürme jagen ...". „Daß ich auf dieser Halbinsel, die so malerisch von der Ostsee und vom Bodden umgeben ist, meine Kindheit und meine Jugendzeit verbrachte und später als Forstmann drei Jahrzehnte den Darßer Wald bewirtschaften durfte, ist ein Glück, das ich dankbar zu schätzen weiß." Ein Glück war auch die Begegnung mit Marga Sievert, die am 25. November 1949 in der Prerower Seemannskirche seine Ehefrau wurde. Jeder für sich hatte das Alter einer stattlichen Kiefer, als sie ihre diamantene Hochzeit feierten. Gemeinsam zählte das Paar 172 Lebensjahre.

Als Waldemar 1926, nur 400 Meter entfernt von der romantisch gelegenen Försterei, geboren wurde, ging seine Frau bereits in die erste Klasse. Er besuchte in Barth die Realschule, lernte Französisch und Latein. Zugleich wurde er ein galanter Tänzer, schwebte bei Dorffesten in den Gasthäusern federleicht über das gebohnerte Parkett. Die Mutter erzog ihn zu einer pedantischen Pünktlichkeit, die er nie mehr ablegte.

Seiner späteren Ehefrau war aus finanziellen Gründen die Schule in Barth nicht vergönnt. Marga verdiente sich ihr erstes Geld in einem Haushalt. Ab 1946 arbeitete sie als Verkäuferin in der Bäckerei ihrer Tante Hedwig Groth in Prerow. So manchem Flüchtling steckte sie ohne die erforderliche Marke ein Brot zu.

Schon als Kind hegte Waldemar, Sohn eines Haumeisters, den Wunsch, Förster zu werden. Als er diesen erfüllt sah, wollte er den Forstberuf in der Lüneburger Heide ausüben, wo der Volks- und Heimatdichter Hermann Löns gelebt und gewirkt hatte. „Leider war inzwischen Deutschland geteilt."

Von 1959 bis 1989 leitete er jedoch die Oberförsterei in Born, wirkte dort, wo der Altmeister des deutschen Waidwerkes Ferdinand von Raesfeld mit der Kutsche durch den Wald gefahren war, um sein Revier in Augenschein zu nehmen. Hier kämpfte Waldemar Martens im Oktober 1967 und im Januar 1968 mit vielen Helfern gegen die

▸ *Marga und Waldemar Martens an ihrem 60. Hochzeitstag, 2009*

Folgen zweier orkanartiger Stürme. „Über 250 Tausend Festmeter Holz lagen am Boden. Das entsprach einer Holzeinschlagmenge für 20 Jahre im Voraus."

Marga, ebenso schwarzhaarig wie ihr Mann und blauäugig, schenkte vier Söhnen das Leben, arbeitete als Textilverkäuferin und ab 1972 im Büro der Staatlichen Jagdwirtschaft Born. An vielen Abenden musste sie zusätzlich die Jagdgäste bewirten. „Fast jeden dritten Tag erschienen sie, darunter die Prominentesten der DDR und viele ausländische Politiker und Wirtschaftsfunktionäre." Das kostete Zeit und Kraft.

„Sehr schmerzlich empfand ich, dass ich als Geheimnisträger jeglichen Kontakt mit meiner in Köln lebenden Schwester Jenny abbrechen musste, obwohl ich wiederholt Westkontakte durch Jagdgäste aus der BRD hatte", so Waldemar Martens. Er hat sein Leben und das seiner Familie beim Bjoern-Verlag Krefeld 1994 literarisch in seinem Buch „Wo Adler noch und Stürme jagen ..." mit dem Untertitel „Drei Jahrzehnte Forstmann und Jäger auf dem Darß" zusammengefasst.

Dieses Buch bietet auch einen Blick hinter die Kulissen der Zeitgeschichte. Die ersten Aufgaben des Forstmannes und Jägers bestanden im Jahr 1970 darin, Wildäcker anzulegen und Hochsitze bauen zu lassen. Zahlreiche Wildwiesen wie die Buchhorster Maase am alten ehemaligen Meeresufer, die Leu bei Wieck, die Woitke-Wiese nahe Prerow, die Birkmaase, knapp einen Kilometer von der Wegkreuzung Großer Stern entfernt, reichten für die Jagd nicht aus. Bei der Aufforstung nach den orkanartigen Stürmen passierte es, daß im Naturschutzgebiet aus Mangel an Kiefernpflanzen Fichten gepflanzt wurden, wo in erster Linie Laubhölzer und Kiefern hingehörten.

„Auf die vielen waldbaulichen Arbeiten und die Anfangsschwierigkeiten beim Aufbau des Jagdgebietes nahm das Ministerium keinerlei Rücksicht, denn man schickte uns Jagdgäste am laufenden Band." Waldemar Martens bekam von Berlin den Auftrag, „eine Pirschjagd für Fidel Castro" vorzubereiten. Er sollte alles daransetzen, eine Jagd durchzuführen, die eine große Strecke verspräche, und war nun unter anderem damit beschäftigt, „günstige Ansitze herauszufinden. Da es angeblich in Kuba keine Wildschweine gab, galt es, die Jagd vorwiegend auf Schwarzwild auszurichten."

Die Jagd sollte am 17. Juni 1972 durchgeführt werden. Aber Fidel Castro kam nicht. Nach langem Hin und Her meldete sich der zweite Sekretär der Bezirksleitung der SED Rostock am Telefon: „Hört gut zu. Fidel Castro läßt euch alle herzlich grüßen. Er bedankt sich vielmals für die Vorbereitungen der ihm zugedachten Jagd, aber leider ist er unabkömmlich. Er bittet darum, die Jagd mit zwei seiner Kampfgenossen so durchzuziehen, wie sie für ihn geplant war. Wir werden in einer halben Stunde mit zwei Hubschraubern bei euch in der Borner Feldmark landen, in der Nähe der Jugendherberge." Zufällig unterwegs, erlebte ich damals selbst, dass an der Chaussee Born–Ahrenshoop ein Polizist neben dem anderen stand und der gesamte Darßer Wald abgeriegelt war.

Waldemar Martens schreibt im Zusammenhang mit der Jagd auch detailreich über die Begegnungen mit der Staatssicherheit und deren Forderungen.

Als die Maul- und Klauenseuche im Volkseigenen Gut in Born grassierte und das Dorf abgeriegelt war, zeigte sich Waldemar Martens kulant und sorgte dafür, dass ich mit meiner Familie im Juni 1982 über die Seuchenschleuse, die sich auf der Chaussee vor dem Abzweig nach Bliesenrade befand, zur Hochzeit meiner Halbschwester nach Boizenburg/Elbe ausreisen durfte.

Marga und Waldemar Martens feierten gesund ihren 60. Hochzeitstag, den sie als Geschenk empfanden. Sie starb 2012, ihr Ehemann Waldemar sechs Jahre später.

Auf dem Lebensmeer von Stürmen umrast

Walter Kaufmann, 1924

Als die in Wieck auf dem Darß lebende Karoline Busch, Jahrgang 1942, mir das geliehene Buch „Stefan" des Schriftstellers Walter Kaufmann zurückbrachte, klebte auf dem Titel ein Zettel mit der Aufschrift: „Dieses Buch müßte Pflichtlektüre im Deutschunterricht sein! Danke! Karoline." „Stefan" ist das „Mosaik einer Kindheit", seiner Kindheit, die den Leser berührt.

Am 19. Januar 2019 feierte Walter Kaufmann seinen 95. Geburtstag in Berlin. Seine Töchter Rebekka und Deborah, sein Sohn Dirk und Enkelkinder waren mit dabei, langjährige Freunde und Verleger. Eingeladen hatte er auch Borner und Ahrenshooper und das „Duo Liaisong" aus Bodstedt. Sie alle ahnten, dass Walter Kaufmann mit seiner Ehefrau Lissy das Tanzbein schwingen und für seine Gäste Köstliches anbieten würde. Musiker spielten auf, die Feierlustigen tanzten und sangen ausgelassen und fröhlich.

Taufrisch lag sein neues Buch auf dem Gabentisch: „Gibt es dich noch – Enrico Spoon?" – mit dem Untertitel „Über Menschen und Orte weltweit" erschienen in der Edition Memoria Köln.

Wenn Walter Kaufmann in seinem Arbeitszimmer unterm Rohrdach seines Darßer Sommerhauses in Born saß, schaute er über den Schilfgürtel direkt auf den Bodden. Mal still, mal heftig bewegt zeigte sich das Wasser, zogen die Wolken darüber hinweg. Bewegt wie sein Leben, das am 19. Januar 1924 im Berliner Scheunenviertel begann. Zu seinem 90. Geburtstag erschienen seine autobiografischen Erzählungen unter dem Titel „Schade, dass Du Jude bist", das „Kaleidoskop eines Lebens", meisterliche Kurzprosa mit der Spannweite zwischen Region und weiter Welt. „Schade, dass Du Jude bist, das war mein Start in die Literatur", sagte der Schriftsteller. Er entnahm den Titel seiner ersten veröffentlichten Geschichte „Die einfachen Dinge". „Ich habe sie in einem Armeezelt in Albury im australischen New South Wales geschrieben und einen 1. Preis dafür bekommen, den ich mir mit Frank Hardy teilte. Auch er war bei der Armee. Wir sind Freunde geworden und gründeten die Realist Writers' Group in Melbourne, dann in Sydney. Frank Hardy – uraustralisch, trinkfest und gesellig, ein Schreibtalent –, der mit ‚Macht ohne Ruhm' weltweiten Erfolg erzielte."

„… best country in the world, this!" Mit diesem Satz eines Soldaten leitet Kaufmann zu den in Australien angesiedelten Erzählungen über, die er für den Prospero Verlag ausgewählt hatte. Es sind exakte Geschichten, die nicht zerfließen, stilistisch geschliffen, mit perfekten englischen Passagen und Slang, den nur einer zu schreiben vermag, dem sich die Worte der Vergangenheit tief eingegraben haben.

Walter Kaufmann war das Kind der polnischen Jüdin Rachela Schmeidler, die wie seine Adoptiveltern ins Konzentrationslager geschickt wurde. Lange wusste er nichts von seiner wirklichen Herkunft. Er kam als Sally Jitzchak Schmeidler auf die Welt. In der Geschichte „Elaine" schreibt er: „… wie sehr es mir zu schaffen machte, womöglich ein Adoptivkind zu sein". An seinem 15. Geburtstag konnte er mit einem Kindertransport aus Nazideutschland nach England entkommen. In Faversham besuchte er eine Internatsschule für Emigrantenkinder. Englisch wurde seine zweite Muttersprache. Der Junge lernte fleißig, jeden Tag zehn neue Vokabeln! Mit Beginn des Krieges 1940 gegen England galt er als „feindlicher Ausländer" und

▲ *Walter Kaufmann am Märkischen Ufer, unweit seiner Berliner Wohnung*

wurde als Internierter auf dem Truppentransporter DUNERA nach Australien deportiert. Walter Kaufmann verbrachte vier Jahre bei der Armee. Zeitweilig in der blühenden Kleinstadt Albury stationiert, holten die aus der Heimat Vertriebenen Tag für Tag „große Mengen von Munition aus Lagerschuppen, verluden sie auf Lastwagen und von dort auf Güterzüge, die ihre für Borneo bestimmte Fracht zum Hafen von Sydney brachten". Walter Kaufmanns erster Roman „Voices in the Storm" erschien 1953 in Melbourne mit großem Erfolg. Zehn Melbourner Autoren hatten 1950 die Buchgemeinschaft „Australasian Book Society" für Australien und Asien gegründet. „Mit

Hilfe der Gewerkschaften konnten wir uns einen neuen Leserkreis erschließen. Allein von meinem Roman wurden in wenigen Monaten 5000 Exemplare an Hafenarbeiter, Seeleute, Eisenbahner und Bergarbeiter verkauft."

Australien war nur seine vorübergehende Heimat. In dem Dorf Tocumwal, in New South Wales, nördlich von Melbourne, heiratete er sehr jung seine erste große Liebe, Barbara Dyer. „Ich war nicht verwurzelt, wollte zurück nach Deutschland. Kein Tag hat mich die Vergangenheit losgelassen." 1956 siedelte Walter Kaufmann ohne Barbara über Warschau in die Deutsche Demokratische Republik über. Er behielt seinen australischen Pass und reiste damit durch die Welt. Kleinmachnow war sein Zuhause, hier wohnte er mit der Schauspielerin Angela Brunner und den Töchtern Rebekka und Deborah.

Im Kurhaus des Ostseebades Zingst tanzte 1970 Lissy Kemter in sein Leben. Seither lebte er in einer Dreiecksbeziehung und pendelte zwischen Berlin und Kleinmachnow hin und her. Mit seiner Frau Lissy, die bis zur Rente als Radiologie-Assistentin in der Charité arbeitete, lebte er seit 2008 in einer Stadtwohnung am Märkischen Ufer in Berlin und auf dem Darß in seinem kleinen Ferienhaus. Born wurde zur zweiten Heimat. Zum Schreiben war das Boddendorf ein besonderes Refugium.

Nach zahlreichen Schreibversuchen auf dem fremden Kontinent veröffentlichte Walter Kaufmann etwa 40 Bücher. Sein Leben fasste er in der 2010 erschienenen Autobiografie „Im Fluss der Zeit" zusammen. Jedes Kapitel ist wie eine Novelle geformt. Lange Zeit war er in der DDR der PEN-Generalsekretär.

Walter Kaufmann las viel, schrieb Betrachtungen über Theater, Filme und Bücher. Ihn interessierte, in der Kunst neue Wege zu suchen und neue Formen zu finden. Im Jahr 2014 flog der Schriftsteller mit Lissy noch einmal zur Fidschi-Insel Taveuni, die er aus seiner Seefahrerzeit in den frühen 1950er Jahren kannte. Er beschrieb sie wie ein Paradies: „Dort hast du die Südsee, den Regenwald, hohe Berge, weite Strände und ein Dorf mit einem Fluss und einer Kirche. Die ganze Insel ist in wenigen Stunden zu umlaufen." Doch die Wiederkehr enttäuschte ihn, „die romantischen Vorstellungen von damals waren ernüchternd".

In seinen Büchern ist selten die Rede von irgendwelchen Mahlzeiten. Doch wenn ihm das Essen schmeckte, sagte er: „Darüber kann man nach Hause schreiben." Zumeist aß er, was ihm aufgetischt wurde. Aber den Sekt oder Wein schenkte er selbst ein. Gern trank er einen guten Whiskey. Und er mochte schwarzen Tee. Er war ein geübter Schwimmer und exzellenter Erzähler. Witze gelangen ihm so, dass seine Zuhörer herzlich lachten. Manche Geschichten musste er immer wieder erzählen. Und man wurde nicht müde, ihm dabei zuzuhören.

„Nur wenn ich male, habe ich die Gewissheit, dass ich existiere", schrieb die Malerin Ottilie Reylaender in eine ihrer Kladden. Ähnlich ging es auch Walter Kaufmann. Er schrieb über sein Leben, setzte es immer wieder in neue Beziehungen. Nach allem, was er durchgemacht hatte, schlug sein Herz politisch links, ganz links. Im Sommer 2018 stellte er im Künstlerort Ahrenshoop vor großem Publikum im Hotel Fischerwiege sein Buch „Die meine Wege kreuzten" vor. Er war sehr erkältet, doch seine Stimme trug bis in die letzte Stuhlreihe. Das Bild auf dem Buchtitel zeigt einen Zebrastreifen, eine auf Rot geschaltete Ampel, wartende Passanten unter Regenschirmen und eine mit Autos vollgestopfte Fahrbahn. Die Szene könnte in Duisburg spielen, in London oder in Melbourne, in New York und Berlin. Es sind Lebensstationen des Schriftstellers. „Begegnungen aus neun Jahrzehnten", lautet der Untertitel. In siebzig Episoden blickt er „wie durch ein Brennglas" auf Personen, die ihn geprägt oder tief beeindruckt haben. Es sind meisterliche Kurzgeschichten, stilvoll und bündig geschrieben, in schöner Sprache, in die englische Zitate

◂ *Oben: Walter Kaufmann während einer Lesung im „Hotel Fischerwiege" in Ahrenshoop, Sommer 2018*
Unten: Walter Kaufmann an seinem 95. Geburtstag, 19. Januar 2019 in Berlin

einfließen. Eine Schreibart, wie er sie 1950 von David Martin in Melbourne gelernt hatte. „Was er mir über Aufbau, Gliederung und Präzision erklärt hatte, war handfest und half sehr. Auch Weglassen gehörte dazu, hatte er betont, Wegstreichen, und das zwischen den Zeilen viel verborgen sein müsse, wie bei Eisbergen unter Wasser: Unsichtbares unter Sichtbarem."

Tippte er zu Beginn seine Shortstories in eine Schreibmaschine Hermes Baby, arbeitete er nun längst am Computer. Und der gab niemals Ruhe, verlangte nach neuen Geschichten.

Im pulsierenden Berlin breitete sich das gesamte kulturelle Leben vor dem Schriftsteller aus. In Born liebte er die Kleinkunstbühne, die er im Sommertheater unter der Regie von Helga Mau erlebte. Er besuchte regelmäßig die Montagskonzerte in der Borner Kirche, verehrte die in Ahrenshoop lebende Pianistin Ulrike Mai, genoss ihre Auftritte und die von der Professorin Mara Mednik inszenierte Musikreihe „Junge internationale Elite in Born zu Gast". Walter Kaufmann saß dann ganz hinten im Mittelgang, wo er am besten hören und die Musiker noch sehen konnte. Zum Schluss der Sommersaison beschenkte er die Veranstalterin mit Blumen und bedankte sich herzlich dafür, dass sie international gefragte Künstler in das kleine Boddendorf einlädt.

Als wir am 8. April 2021 miteinander telefonierten, klang er müde und kraftlos: „97 ist ein Wahnsinnsalter. Meine körperliche Situation, die ist für mich ein beschämendes Gefühl. Ich habe keine Hoffnung auf Erholung." Walter Kaufmann starb am 15. April 2021 in Berlin, zu Hause in den Armen seiner Frau Lissy, die ihm gerade beim Aufstehen half, weil er sich rasieren wollte.

Bildsprache und Reflexionen

Ruth Klatte, 1925

Im Jahre 1948, von glücklichen Umständen begünstigt, besuchte die Malerin Ruth Klatte erstmals für eine Woche Ahrenshoop. Sie kam in Begleitung ihres Mannes, des Juristen Dr. Gerhard Klatte, den sie 1946 geheiratet hatte. Die 1947 geborene Tochter Almut blieb wohlbehalten bei ihrer Großmutter in Pirna. Das Paar fand noch zur nächtlichen Stunde im Paetowweg Unterkunft in einem Dachstübchen mit schrägen Wänden.

In ihrer Wahlheimat Wieck lebt sie seit 1961 in einem alten Rohrdachkaten, der anfangs kaum bewohnbar war. „Aber es gab einen neuen Schornstein, der allerdings nicht abbezahlt war. Ein Freund und Künstler half, den Katen einigermaßen herzurichten." In Wieck wagte Ruth Klatte einen künstlerischen Neuanfang.

Im Garten duftet Lavendel, tanzen Schmetterlinge in der Buddleia, ragen Königskerzen in die Höhe. An der Ostseite des Katens rankt eine mächtige Kletterhortensie empor. Ruth Klatte sitzt ganz nah am Fenster ihres Klavierzimmers, vertieft in ihre Bibel und in „Die Losungen 2020", die in ihrem Schoß liegen. „Ich freue mich an den Worten, die in der Bibel auf mich zukommen. Sie geben mir Weisung und Rat. Wenn man so alt ist, kommt man darauf." Das sagt eine, die ein beinahe biblisches Alter erreicht hat. „Von mir selbst könnte ich sagen, dass ich authentisch bin, auch wohl immer schon war. Die letzte Ausstellung im Kunstkaten 2015 machte mir dies ganz bewusst. Es heißt ja: Im Einklang mit sich selbst sein."

Der im Kunstkaten Ahrenshoop vorgegebene Raum erforderte eine Auswahl der Bilder, die genügen musste, den von ihr vollzogenen Weg aufzuzeigen, der auch seine Brüche und Auszeiten hatte und Ruth Klatte veranlasste, immer wieder neu bei sich anzufangen. Und so geht es ihr bis heute. Sie spricht Gedanken zu Gott: „Du bist das Wunder, der Tag, das Licht, die Seele – Beginnen und Vollbringen."

Die Malerin ist umgeben von ihren eigenen Bildern, darunter stahlblaue Buchenstämme, die auf rostbraunem Grund Schatten werfen, Öl auf Leinwand 1960, das romantische Bild „Schaf

Ruth Klatte mit den Losungen für das Jahr 2020

unter Rosen", 1963, und der Holzschnitt „Gekreuzigt", eine abstrakte Arbeit aus dem Jahr 1960. Sie liest „mit Hingabe berühmte Leute in der einschlägigen Literatur", intensiv „Der Herr" von Romano Guardini, Betrachtungen über die Person und das Leben Jesu Christi.

In ihrem Haus sind die Bilder so verteilt, dass sie eine Ausstellung ergeben, die ein Leben erzählt und eine feinsinnige Künstlerin erkennen lässt. Sogar am Treppenaufgang und an den Dachschrägen reihen sich Landschaften, zauberhafte Blumenaquarelle und im Portrait die Stralsunder Ärztin Frau von Suchodolitz, die träumerisch blickende Petra, Enkelin der Barther Malerin Elisabeth Sittig, ein lesendes Kind, ein schreibendes junges Mädchen, tief versunken in seine Tätigkeit. Dabei sind auch ihre Töchter, die zwölfjährige Almut lesend in der Sonne 1959 und die kleine „Angelika zum Fasching", 1955.

Ein Selbstporträt, eine Bleistiftzeichnung von 1959, erinnert an die Zeit, als Ruth Klatte in Meiningen lebte. Ein bedeutsames kleines Ölbild zeigt die Malerin auf der nächtlichen Fahrt zum Ortsteil Jagdhaus mit dem Rad bei Mondschein. Der Lichtkegel der Lampe eilt ihr voraus. Dieses Bild – „Heimfahrt" – warb für die umfangreichste Ausstellung ihrer Arbeiten im Thüringer Museum Eisenach von Oktober 2009 bis Februar 2010, die unter dem Titel stand: „Auf den Weg gebracht – Ein Leben in Bildern".

In dem sehr schön gestalteten Buch „Ruth Klatte – Bilder und Träume", herausgegeben 2005 von Annette Winter und Guenter Roese, schreibt sie in einem Nachwort, wie sie zur Landschaft von Fischland und Darß steht: „Die Antwort sind ja meine Bilder, die auch ‚Sprache' sind." „Ich bin geboren und groß geworden in sehr schöner Umgebung, an der Elbe. Danach war ich 10 Jahre in Thüringen, Meiningen, wo die Rhön schon beginnt, Eisenach in der Nähe liegt." Als sie in den Besitz eines Motorrollers gelangte, flog sie aus, „für jeweils 4 Wochen im Jahr, zur See hin, wo den Himmel nichts verstellte, er bis an seine äußerste Grenze ging. Nie vorher sah ich Sonne und Mond so aufgehen – und den Sternenhimmel ganz. Dieses war bestimmend für mich; dort wollte ich nun malen." 1961 zerbrach die Ehe mit Gerhard Klatte, und jeder musste sich selbst bewähren.

◂ *Sogar an den Dachschrägen reihen sich Ruth Klattes Bilder.*

Ruth Klatte wurde als ein Wunschkind 1925 in Dresden geboren. Die Eltern zogen schon bald nach Pirna, wo die Großeltern lebten und einen kleinen Laden mit Einrahmungen führten. Die Werkstatt gründete der Großvater Heinrich Meder in Dresden. Täglich fuhr er mit der Bahn hin und her, „die leeren Rahmen über der Schulter". Die Familie besaß bereits ein Telefon, das die Arbeit erleichterte. „Großvater war auch Erfinder, unter anderem von Drehschränken, die patentiert wurden."

Die Großmutter Lyddi half ihm unermüdlich, arbeitete vor allem im Garten, um für das leibliche Wohl der Familie zu sorgen. „Meine Mutter Erna war ihr Leben lang für das Geschäft in Pirna zuständig." Ruth wuchs zwischen Bildern und Sprüchen, die auch gerahmt wurden, auf. „Ich habe immer Weisheiten gelesen." So hat sich bei Ruth Klatte sehr früh der sichere Blick für die Hängung von Bildern eingestellt, und Lebensweisheiten begleiten sie bis heute.

Ihre künstlerische Ausbildung erfuhr sie in Dresden an der Kunstgewerbeakademie und bei dem Landschaftsmaler Rupprecht von Vegesack. Das Bild „Pirna/Elbe im Nebel 1945" signierte sie noch mit ihrem Geburtsnamen Ruth Czurda.

Ruth Klatte findet ihren künstlerischen Ausdruck vor allem im Aquarell, in der Zeichnung, im Holz- und Linolschnitt. Ihr Herz und die innere Bewegtheit waren immer dabei. „Ich könnte noch malen,

▲ *Ruth Klatte zwischen Lavendel und Königskerzen, die bis zur Traufe ihres Rohrdachkatens ragen*

aber dafür fehlt mir die Kraft", sagte sie, als sie 95 Jahre alt war. Die steile Treppe zum Atelier erklimmt sie mühsam und nur selten. Ihre Mahlzeiten bereitet sie sich noch selbst zu. Während sie erzählt, kommt ein Krankenpfleger mit Maske und Augentropfen. Ein kurzer stiller Moment.

An ihrem 95. Geburtstag, dem 15. Juli 2020, stand in den Losungen: „So seid nun besonnen und nüchtern zum Gebet. Vor allen Dingen habt untereinander beständige Liebe." Ruth Klatte sagt: „Gott ist meine Erfahrung, mein Thema. Ich denke schon ein Leben darüber nach."

▲ *Buddleia, Stock- und Duftrosen vor dem Fenster, an dem Ruth Klatte gern sitzt*

▲ *Das Haus der Familie Schreyer in Ahrenshoop*

Ein erfülltes Leben ging selbstbestimmt zu Ende

Wolfgang Schreyer, 1927

Er war schlank, bärtig und drahtig, seine Haut wettergebräunt. Er schützte sie zu wenig, wenn er segelte, lange im Atlantischen Ozean vor Teneriffa schwamm oder mit dem Fahrrad durch Ahrenshoop und auf dem Deich in den Darßwald fuhr. Zurück am Bodden entlang, auch andersherum, immer den Wind im Rücken.

„Carpe diem“ steht auf einem Sockel mit ruhender Katze an seinem rostroten Rohrdachhaus am Meer in Ahrenshoop, nur wenige Schritte hinter dem Seedeich. Die Steinmetzarbeit formte Robert, sein Sohn aus erster Ehe. Wolfgang Schreyer nutzte den Tag, erlebte die Morgenröte, das Morgengrauen und den Sonnenuntergang am Meer. Der besonders in der DDR viel gelesene Autor freute sich über mehr als sieben Millionen verkaufte Exemplare seiner Bücher im In- und Ausland.

Wolfgang Schreyer, gebürtiger Magdeburger, setzte dem Ostseebad Ahrenshoop 2002 mit seinem Buch „Das Kurhaus“ ein kritisches literarisches Denkmal. In seine realistischen Romane mischte er immer wieder fröhlichen Spott und gewährte dem Leser verblüffend ehrliche Einblicke in sein Umfeld, offenbarte eigene Schwächen. Den 1987 erschienenen Roman „Der sechste Sinn“ widmete Wolfgang Schreyer seiner zweiten Ehefrau Ingrid, „ohne deren Dasein und Mitarbeit manche Zeile nicht geschrieben worden wäre, im Leben wie im Buch“. Vorab erschien seine fiktive Geschichte „Harmo 88“ im Magazin PLAYBOY, September 1978, ohne Wissen des Autors mit dem verän-

Die Steinmetzarbeit vom Sohn Robert Schreyer

derten Titel „Die Partei, die regelt den Verkehr". Nach der Publikation sollte Wolfgang Schreyer aus dem Magdeburger Schriftstellerverband ausgeschlossen werden. Das geschah nicht, aber er wurde verstärkt bespitzelt, erhielt keine Einladungen zu Lesungen, und seine Bücher durften nicht mehr besprochen werden. Aus der Geschichte entwickelte er gemeinsam mit Ingrid seinen Roman, in dem es um die Erfindung eines Partnersuchgerätes geht. Er verarbeitete ihr Wissen als Sekretärin aus dem Wissenschaftsbereich an der Technischen Hochschule in Magdeburg und seine eigenen Erfahrungen aus dem Literaturbetrieb.

Nach dem Ende der DDR verlor Wolfgang Schreyer sein Publikum, das nun Zugang zu anderen Medien hatte. Aber er gewann auf seltsame Weise ein neues. Er suchte regelmäßig den „Bücherbaum" vor der Bibliothek am Borner Hof auf, um seine eigenen Bücher dort vorrätig zu halten, und legte sie auch im Darßwald an der uralten hohen Kiefer, die alle „Großmutter" nannten, ab. Sie war rundherum von einer Bank umgeben. Dort saß er und kam mit Gästen aus den alten Bundesländern ins Gespräch, die ihn und seine Bücher nicht kannten. Er hatte immer welche dabei, die er verschenkte.

„Zu guter Letzt" erschien 2016 – Erinnerungen, Erzählungen und Essays. Wolfgang Schreyer beschreibt, wie ihn eine tückische Krankheit befiel, die sich trotz ärztlicher Hilfe ausbreitete. Nach einem erfüllten Leben konnte er das nicht aushalten. Er war „austherapiert". Wenige Tage vor seinem 90. Geburtstag am 20. November 2017 unternahm er selbstbestimmt die letzte Reise. Zuvor hatte er gesagt: „Die beiden Frauen, die ich erobern durfte, Lottchen und Ingi, waren das Schönste in meinem Leben."

Zur Bestattung am 12. Dezember auf dem Ahrenshooper Friedhof war auch der Schriftsteller Walter Kaufmann gekommen. Der damals 93-Jährige hielt vier Tage später im Kunstkaten Ahrenshoop vor Trauergästen eine bewegende kurze Rede, keinen Nachruf, nur persönliche Worte eines Freundes über den Freund. „Wolfgang Schreyer war mir nah, so nah, er schrieb mir im Sommer dieses Jahres in sehr gutem Englisch, er würde nach seinem 90. Geburtstag selbstbestimmt aus dem Leben scheiden. Es erschütterte mich, das zu lesen." Walter Kaufmann lebte in der bitteren Erwartung, der Freund würde umsetzen, was er angekündigt hatte. „Er hat es um Tage früher wahr gemacht, und ich trauere zusammen mit den vielen, denen er fehlen wird. Auch weiß ich jetzt um seine Würde und seine Willensstärke auf der Schwelle vom Leben in den Tod." Und er fuhr fort: „Er ist sich im Wechsel der Zeiten treu geblieben, kritisch, hellwach, links, wo das Herz ist, nie laut, eher leise, bescheiden angesichts seiner Erfolge." Seinen Humor verlor Wolfgang Schreyer trotz des Wissens um seine Krankheit nicht. Zuweilen, so erinnerte sich Walter Kaufmann, sagte er: „Du und ich – unser Verfallsdatum ist abgelaufen." Er lächelte dabei.

▸ *Wolfgang Schreyer während einer Lesung am 1. Oktober 2016 im voll besetzten „Dornenhaus" am Grenzgraben zu Ahrenshoop*

Eine Gärtnerin aus Passion

Hanna Lindner, 1928

Die Chinesen sagen: „Willst du das ganze Leben glücklich sein, dann werde Gärtner." Und in Japan heißt es: „Glück ist, in beiden Händen Blumen zu halten."

Beides trifft auf Hanna Lindner zu. Die Fischländerin kam 1928 in Wustrow unweit der Kirche zur Welt, in der Neuen Straße, die auch die „Treppenstraat" genannt wird, „denn dort", so die Schriftstellerin Käthe Miethe, „schieben sich die Kröpelwalmhäuser eins hinter das andere zurück, als wollte jedes dem Nachbarn auch einen Platz in der Sonne lassen". Hanna war 14 Jahre alt, als sie mit der Gärtnerlehre begann. Zuvor hatte sie bereits ihrem Großvater Max Burmeister geholfen, der eine Gärtnerei führte. „Ich habe Pflanzen pikiert, Unkraut gejätet und Veilchen gepflückt und daraus ein kleines Kreuz für die Konfirmanden gebunden. Das kam mit einem weißen Taschentuch auf das Gesangbuch", erzählt Hanna Lindner. Sie war 21 Jahre alt, als sie im Herbst 1949 mit weißen Chrysanthemen an ihrem 21. Tauftag Alfred Lindner, Jahrgang 1921, heiratete; und Tochter Edeltraud wurde am 21. August 1950 geboren. Viermal die 21, die ihr Glück bringen sollte. Ihren Mann hatte sie bei Wismar kennengelernt, wo sie in Triwalk in einer Gärtnerei arbeitete.

Alfred Lindner stammte aus Kobelau in Schlesien, war nach dem Krieg gar nicht mehr nach Hause gekommen und nach nur vier Wochen Gefangenschaft in Dänemark in einer Nachbargärtnerei angestellt.

Hanna Lindner, das zweite Kind von fünf Geschwistern, schenkte selbst fünf Kindern das Leben. Sie wuchsen alle mit der Gärtnerei auf, in der auch Großmutter Lisbeth tüchtig half.

„Am 1. März 1952 machten wir uns selbstständig – bis 1978, dann gehörten wir bis 1989 zur Landwirtschaftlichen Produktionsgenossenschaft, LPG „Rotes Banner", in Trinwillershagen", erzählt Hanna Lindner. In ihrem Rohrdachhaus führten sie einen kleinen Laden. „Ich war Fleurop angeschlossen. Wir hatten hier in Wustrow doch die vielen Seefahrtschüler. Sie holten Blumen, bevor sie nach Hause fuhren. Wir mussten tausende Pflanzen pikieren für Trinwillershagen: Sellerie, Porree und Sommerastern. Dafür bekamen wir Rosen."

Hanna Lindner und ihre Geranien

Das Gärtnerpaar Hanna und Alfred Lindner mit Urenkelin Thessa anlässlich der diamantenen Hochzeit 2009

Die Kinderkrippe, den Kindergarten und das Krankenhaus belieferten die Lindners mit Möhren. Das Wort „Nein" kannte Hanna Lindner nicht. Ganze Nächte durch band sie für Beerdigungen Kränze, zu Totensonntag 40 bis 50, und auch für den Schmuck der Pferde zum Tonnenabschlagen war sie verantwortlich. Das Binden hatte sie zwei Jahre bei Hans Evert in Rostock gelernt.

Hanna Lindner geht über den Rasen, wo früher die Gewächshäuser standen. Im Gärtchen hat sie noch Kopfsalat gepflanzt, die Kartoffeln sind abgeerntet. Tomaten, Porree, Sellerie, schwarzer Winterrettich, Grünkohl und Sauerampfer stehen gut. „Der Sauerampfer wird wie Spinat zubereitet. Dazu gibt es Spiegelei und Salzkartoffeln", sagt die gar nicht alt wirkende Frau, und ihr schönes, glattes Gesicht strahlt. „Das hier grabe ich noch um, und dann pflanze ich Stiefmütterchen. Den Meerrettich brauche ich für meine Salzgurken." Die reifen in fünf hohen Steintöpfen unterm großen Walnussbaum und werden zu allen Feiern aufgetragen. Hanna Lindner reicht schon mal eine Kostprobe.

Das Gärtnern liegt im Blut der Familie. Tochter Edeltraud führte in Wustrow einen Blumenladen, der Sohn und Gärtnermeister Gerhard eine Gärtnerei in Wiepkenhagen, zwei Enkelinnen sind Floristinnen, und Enkel Thilo studierte an der Universität Rostock Landeskultur- und Umweltschutz.

Das Ehepaar feierte noch die steinerne Hochzeit. Alfred Lindner starb am 21. Mai 2018.

Germanistin und Keramikerin

Ella Löber, 1933

„Ich kann auf alles verzichten, nur nicht, auf meinem Sofa zu sitzen und zu stricken", sagte Ella Löber, als ich sie wieder einmal besuchte. Ihre Strickwesten sind beinahe so berühmt wie ihre Keramiken.

Flache Flundern und flügelleichte Libellen tummelten sich auf Schalen, Schüsseln und Bechern. „Es schien mir der Stein gewordene Traum einer sensiblen einheimischen Seele", beschreibt Barbara Boy in ihrem Buch „Wolkenschmied" das Tongeschirr, „das die Farbe von Himmel und Meer an trüben Wintertagen hat" – und das Ella Löber als Fischlandkeramik prägte.

Auf ihrem Sofa lagen mehrere Knäuel Wolle. Ella Löber legte ihre Stricknadeln zur Seite und rezitierte Worte aus dem Gedicht „Noch bist du da" der jüdischen Lyrikerin Rose Ausländer:

> „Wirf Deine Angst
> in die Luft
> Bald ist Deine Zeit um"

„Dieses Gedicht ist meine tägliche Ration gegen das Alter", sagte sie. „Denn mit 75 denkt man, es ist vorbei."

Wirf Deine Angst in die Luft. Das bedeutete für Ella Löber, jeden Tag vom Bodden zum Meer zu wandern, bei jedem Wetter. Dienstags und donnerstags kehrte sie in der Ahrenshooper Bibliothek ein. Sie hatte alle Bücher von Paulo Coelho gelesen: „Elf Minuten", „Der Alchimist": „Dieser Autor geht mir nahe. Der kann einem ins Gewissen reden. Und wie offen er über sein Leben schreibt."

Und immer wieder ging sie auf dem Boddendeich an ihrem Geburtshaus vorbei, im heutigen Töpferweg 10 in Althagen. Es war das

Ella Löber beim Bemalen ihrer Keramik

▲ *Die Handwerkskunst und die Schönmalve leben mit den Keramiken von Uta Löber weiter.*

Sommerhaus ihrer Großeltern. In einem kleinen Zimmer mit Südblick wurde sie am 8. Juni 1933 geboren. Als erstes Kind des Künstlerehepaares Frida und Wilhelm Löber, auf dem Fischland, das später der Schriftsteller Uwe Johnson als „das schönste Land in der Welt" bezeichnete. Die anfangs kleine Familie bezog 1937 die alte Büdnerei B 65 in der Althäger Straße, heute ein von Stockrosen gesäumter Sandweg. Wilhelm Löbers Eltern, Pastor Ernst Löber und Frau Helene, hatten das Anwesen für das junge Paar von Eliese Stöbsand für 3000 Reichsmark gekauft mit dem Versprechen, für sie einen Grabstein aufzustellen. Dieser große, vom Bildhauer Wilhelm Löber wunderbar gestaltete Findling, steht unversehrt auf dem Wustrower Friedhof.

Ella hatte sieben Geschwister. Sie selbst durfte 12 Jahre zur Schule gehen und studierte von 1952 bis 1956 in Rostock und Leipzig Germanistik. Mit Uwe Johnson saß sie in einer Seminargruppe. „Er war der überragende Geist. Ich hatte mich in seine Stimme verliebt", erinnerte sich Ella Löber. Bei Professor Hans Mayer lieferte sie eine Arbeit über Friedrich Nietzsche und Jacob Burckhardt ab. „Als ich meine Diplomarbeit über Eduard Mörike und Wilhelm Waiblinger schrieb, da packte mich ein Lebensüberdruss. Ich war erschöpft."

Nach dem Studium katalogisierte sie als Hilfsarbeiterin Bücher in einem Rostocker und ab dem 1. November 1957 in einem Dresdener Antiquariat und qualifizierte sich zur Buchhändlerin.

Die Geburt der Tochter Uta 1962 war lebensentscheidend für sie. „Dadurch kam ich nach Hause." Beim Bruder, dem Töpfermeister und Baukeramiker Friedemann Löber, lernte sie töpfern. „Bei ihm konnte jeder machen, was ihm lag." An der Berufsschule in Meißen legte sie 1971 die theoretische Prüfung ab; 1972 die Gesellenprüfung in der Keramikwerkstatt in Althagen. Insekten, Fische und ein dreiblättriges Kleeblatt ritzte sie in die Glasur. Den Gefäßrand rundete sie mit einem Netz ab. „Ich konnte zehn Stunden durchhalten. Um 22 Uhr musste der Brennofen gefüllt sein. Ich hatte nur das eine Bedürfnis, den Leuten zu genügen. Doch wer nur noch sieht, was muss, wird krank."

1996 wurde sie krank, war sie am Ende und ohne Hoffnung. „Eigentlich bin ich durch einen Arzt, der die Fischlandkeramik sehr schätzt, geheilt worden und kann sie mit Genuss und meiner Tochter zuliebe weitermachen. Es ging mir wie der Biene Liane, die in die Sahne fällt und strampelt, bis sie in die Höhe schäumt."

Am Ende meines Besuches steckte Ella Löber die „Bekenntnisse eines Suchenden" von Paulo Coelho für die Bibliothek ein, zog sich einen Mantel über, setzte die Sonnenbrille auf und rezitierte noch einmal Rose Ausländer: „... noch bist Du da/Sei was du bist/Gib was Du hast." Ihre Leidenschaft für die Literatur hat sie ein Leben lang gepflegt.

Ella Löber starb am 24. März 2020 in ihrem Zuhause, umgeben von ihren Büchern, Keramiken und Osterglocken. Tochter Uta war bei ihr. Sie hat das Handwerk ihrer Mutter gelernt und ihr vor 30 Jahren eine Schönmalve, Abutilon, mit orangefarbigen Blüten geschenkt. Beides lebt nun weiter.

Es geschah alles in einem Jahr

▸ Marlene und Georg Herrmann, 1933 und 1936

„Marmor, Stein und Eisen bricht, aber unsere Liebe nicht." Dieses Lied sang 1965 Drafi Deutscher zum ersten Mal. Es passt zu einem Paar in Wieck, das am 26. Dezember 2018 eiserne Hochzeit feierte. 65 Ehejahre lagen hinter Marlene Charlotte Ursula und Georg Jacob Franz Herrmann. Wie hält man es so lange miteinander aus? Wo liegt das Geheimnis? Im Lied heißt es weiter: „Alles, alles geht vorbei, doch wir sind uns treu."

„Wir haben immer zusammengehalten und uns alles geteilt. Wir konnten uns aufeinander verlassen", sagt Marlene Herrmann und fasst zusammen: „Es geschah alles im Jahr 1953. Am 3. Dezember bin ich siebzehn geworden, Georg am 24. Dezember zwanzig, am 26. Dezember haben wir im Standesamt Prerow geheiratet, und am 31. Dezember ist unser Silvesterkind Marita geboren. Ein Frühchen. Ich habe sieben Monate gebangt und gekämpft, um es am Leben zu erhalten." Ein Hochzeitsfoto gibt es nicht. „Mein Mann ist katholisch, ich bin evangelisch. Etliche Jahre später haben wir uns in der katholischen Kirche Zingst trauen lassen. Jeder hat seinen Glauben behalten. Wir waren tolerant."

Im Februar 1953 hatte Marlene, geborene Kafka, Georg in der Tanzgaststätte „Helgoland" in Prerow kennengelernt, wo die Kapelle „Star" aufspielte. Sie hatte sich mit anderen Mädchen am Tresen unterhalten. „Wir sprachen alle Plattdeutsch." Marlene, lebenslustig und sehr hübsch, zog viele Blicke auf sich. „Er hat mich ständig beobachtet." Marlene tanzte gern, am liebsten mit Pfennigabsätzen und Petticoat unterm Kleid. „Das war eine schöne Mode! Meine Mutter war Schneiderin. Sie hatte mir vier oder fünf Petticoats genäht. Georg ließ mich nicht aus den Augen. Er war sehr eifersüchtig." Um 22.00 Uhr mussten alle unter 18 den Saal verlassen. Die Stöckelschuhe in der Hand, ging es zu Fuß wieder nach Wieck zurück. Unterwegs sangen sie Plattdeutsch: „Klotz, klotz, Klavier vorm Bug, oh wie lang is dei Schossee."

Als in Wieck in der Gaststätte „Alter Krug" der Liebesfilm „Sie tanzte nur einen Sommer" gespielt wurde, durfte Marlene nicht

◂ *Marlene und Georg Herrmann anlässlich ihrer eisernen Hochzeit 2018*

▲ *Das Eigenheim der Familie Herrmann*

hinein, obwohl sie bereits schwanger und verlobt war. Georg entschied: „Wenn ich Marlene nicht mit reinnehmen darf, gehen wir nach Hause."

Sie gingen „durch dick und dünn", wohl auch, weil sie keine leichte Kindheit gehabt hatten. Georg stammte aus Wilxen bei Breslau an der Oder, dem heutigen Wrocław. „Die Polen jagten die Deutschen aus dem Land, manche sogar in die Oder." An seinem 12. Geburtstag 1945 gelangte Georg mit Mutter, Bruder und Schwester, die noch im Kinderwagen lag, nach Born. „Keiner wollte uns haben." Der Vater war im Krieg geblieben. Er hatte einen Friseurladen besessen.

Georg, die Einheimischen nannten ihn Jecky, lernte Schlosser in Stralsund, arbeitete nach der Lehre auf der Werft in Warnemünde und dann bis zum Ende der DDR im Volkseigenen Gut Born. Von 1971 bis 1989 war er als Schöffe am Kreisgericht Ribnitz-Damgarten tätig.

Marlene Kafka, die Jüngste von zunächst vier Geschwistern, versorgte mit Bruder Ottomar vor Schulbeginn die Tiere des Bauern Wilhelm Winter mit Wasser und Heu. Sie misteten den Stall aus und trieben die Kühe auf die Weide. Dafür erhielten sie Milch, Schinken, Wurst, Butter und Buttermilch. Ihr Elternhaus steht noch giebelständig im Müggenberg neben dem Kindergarten.

Marlene arbeitete nach ihrer Schulzeit mit 14 Jahren in der Harzerei im Darßwald, bis sie schwanger wurde. „Harzmeister Wolfgang Wasner war ein guter Lehrmeister." Dieser hatte, 15 Jahre alt, Weihnachten 1945 mit seinen Eltern aus Breslau-Lissa flüchten müssen. „Mit dem Spachtel schabten wir das feste Harz aus den Töpfen und füllten es in Eimer." Von Baum zu Baum. Mücken, Bremsen und Zecken waren lästige Begleiter. In der Flur Scharmhorster Berg sammelte Marlene Grünlinge, Steinpilze, Braunkappen, Birkenpilze und Pfifferlinge. Sie und Bruder Ottomar pflückten Blaubeeren und verkauften diese an die Bäcker, um Geld zu verdienen.

Das Ehepaar Herrmann bekam alle drei Jahre Nachwuchs: nach dem Silvesterkind Marita 1953 wurde 1956 Marion geboren, 1959 folgte Ursula, 1962 verloren sie Zwillingssöhne, 1965 kam Edda zur Welt. In einer Lehmkate im Wald erhielt das Ehepaar mit Marita die erste kleine Stube mit Küche. Doch alles war schadhaft, und der Ofen brachte für das Frühchen nicht genug Wärme. Deshalb zogen sie nach Born direkt an den Bodden zu Marlenes Schwiegermutter Martha Herrmann, die dort mit dem Fischer Peter Hebert lebte. Während dieser Zeit reparierte Großvater Karl Schenke die Behausung in Wieck. Doch da mussten sie wieder raus, weil die Mutter des Vermieters aus dem Westen kam und den Wohnraum beanspruchte. Mehrmals wechselte die Familie die Wohnung, bis sie schließlich am 1. Mai 1982 in ein denkmalgeschütztes Forstarbeiterhaus zog.

Als die Mädchen groß genug für den Kindergarten waren, musste Marlene Herrmann nicht nur als Mutter tätig sein. Sie begann in Pensionen zu arbeiten, wechselte in die Gaststätte „Josten" und zum Schluss in das Gasthaus „Alter Krug", der im historischen Gebäude untergebracht war und den zunächst die Handelsorganisation, HO, und dann der FDGB, Freier Deutscher Gewerkschaftsbund, bewirtschafteten. Gaststättenleiter waren Günter Pfeiffer und seine Frau Anni als Stellvertreterin, von 1964 bis kurz vor der politischen Wende 1989. Dort wurden täglich 260 Menschen mit Essen versorgt, hinzu kam die öffentliche Gaststättenbewirtung. Im Sommer war dreimal wöchentlich Tanz. Während der Saison arbeitete Marlene Herrmann 16 Stunden täglich, nur alle 14 Tage hatte sie einen freien Tag. Sie kochte Tomatensuppe, briet Griebenschmalz, Hähnchen, die damals Broiler hießen, Koteletts, Schnitzel, Bouletten und Fischfilet in Biertunke. „Ich habe manchmal am Tag 180 Koteletts gehauen. Mein Beil habe ich heute noch." In der Bain-Marie wurden die Töpfe mit dem Essen warm gehalten. „So ärmlich, wie es ist, aber hier ist alles sauber", lobten stets die unangemeldeten Kontrolleure von der Hygiene.

Marlene sollte Küchenleiter werden, wollte aber nicht, weil sie die Verantwortung scheute. Ihr Mann widersprach: „Das machst du mit links." Sie hörte auf ihn, ließ sich aber zur besseren Kontrolle den Schreibtisch in die Küche stellen.

„Zusammengehalten hat uns die Arbeit", stellte Georg Herrmann im Alter rückblickend fest. „Ein *eigenes* Zuhause war unser Ziel." Der Vorgarten, der Gemüsegarten, die Hühner und der Fuchs, der sie mitunter raubte, hielten das Paar in Trab.

Im Gegensatz zur silbernen und goldenen Hochzeit blieb die Familie bei der eisernen unter sich.

Gut zwei Jahre später erkrankte Georg Herrmann nach 14-tägigem Aufenthalt in der Boddenklinik Ribnitz-Damgarten an Covid 19. Er starb am 15. Februar 2021 ohne Familie, nur mit dem Händedruck einer Schwester.

Die Kunstscheune Barnstorf auf dem Fischland – ein stabiler Anker

▸ Gabriele und Peter Eymael, 1942 und 1939

Auf der einen Seite glitzert der Bodden im Sonnenlicht, auf der anderen wogen im Sommer Getreidehalme im Wind, begrenzt von rotem Klatschmohn, Kornblumen und Kamille. Dazwischen liegt geduckt das Bauerngehöft Hufe IV auf der schmalen Landzunge Barnstorf. „Kein Dorf für sich, doch mit einem eigenen Namen beschenkt", schrieb die Schriftstellerin Käthe Miethe. Es gehört zum Ostseebad Wustrow und damit zum Fischland. Vier Gehöfte zählte Barnstorf, als es die Chroniken 1385 erstmals erwähnten. Die Siedlungsstruktur ist bis heute erhalten geblieben. „Es kam nur dort, wo der Bodden an der Feldmark leckt, ein einziger Bau dazu, errichtet für eine Räucherei", so Käthe Miethe, später das Atelier des Bildhauers Johann Christian Jaenichen (1875–1945), Ehemann der Malerin Hedwig Woermann (1879–1960).

Englischlehrerin Gabriele und Seefahrer Peter Eymael brachten die Kunst nach Barnstorf zurück. „Als wir Hufe IV übernahmen, hatte die Scheune ein Dach, wo ‚de Sünn noch dörchschient', sagte Bauer Zeplin beim Vorbeifahren. Es war klar, dass wir die Scheune für das Ensemble erhalten wollten." Die Eymaels waren keine Bauern und besaßen nun eine Scheune. Sie gaben Hufe IV Seele, Raum und Inhalt. Zum Ensemble gehört das Wohnhaus, ein Niederdeutsches Hallenhaus mit seiner großen Diele. Dort fuhr früher das Pferdegespann mit Heu und Stroh hinein. Zu den Oster- und Winterausstellungen ist diese Arbeitsdiele nun alljährlich für Besucher geöffnet.

Gabriele Brandenburg, Gabi genannt, wuchs in Papenberge bei Henningsdorf am Ufer der Havel auf. Durch das Wassergrundstück der Familie wurde 1961 die Berliner Mauer gebaut und damit der Zugang zur Havel gesperrt.

▲ *Die ruinöse Scheune in Barnstorf vor dem Restaurieren (Foto: Gunther Lübbe, Wustrow)*

Die Mutter war Deutschlehrerin. Sie „schleppte uns Kinder mit in die Oper und in die Museen". Tochter Gabi stieg in ihre Fußstapfen. Sie studierte an der Berliner Humboldt-Universität Anglistik und Germanistik, zunächst fürs Lehrfach. 1964 kam die bildhübsche Lehrerin an die Seefahrtschule Wustrow. Wie alle Dozenten trug sie eine Uniform mit der Aufschrift „Seefahrtschule Wustrow" über dem linken Ärmelaufschlag. Sie arbeitete im Lektorat Fremdsprachen, lehrte maritimes Englisch und Deutsch. Das Maritime musste sie sich mit Hilfe der Seeleute selbst erst aneignen.

▲ *Zur Kunstscheune in Barnstorf gehört in der warmen Jahreszeit auch die üppige Blütenpracht.*

▸ *Gabriele und Peter Eymael außer Dienst beim Segeln, 1960er Jahre*

Peter Eymael tauchte 1965 als Seefahrtschüler auf – groß, schlank, blond. „Er kam damals aus Wolgast und fiel mir durch seine Zurückhaltung auf. Sein Interesse an Kultur und Malerei gefielen mir." Peter Eymael hatte an der Universität Rostock bereits ein Diplom für See- und Hafenwirtschaft erhalten. Im Englischunterricht bei Gabi Brandenburg „hospitierte er eigentlich nur". In Wustrow erwarb er das Kapitänspatent A 6 für Große Fahrt. Wenn sie ihn sah, blitzten ihre Augen fröhlich, seine leuchteten wie die von Hans Albers. Die Seefahrtschüler liebten und verehrten ihre charmante Lehrerin. Aber Peter Eymael gab sie 1970 ihr Ja-Wort.

Das Paar war bereits mehrmals umgezogen, bis es eine gemeinsame renovierungsbedürftige Wohnung in der oberen Etage einer ungepflegten Villa in der Strandstraße erhielt. Gabi Eymael wollte gern ein eigenes Zuhause, am liebsten ein historisches Kapitänshaus. Doch da kamen die beiden „Isenbahner", die mit dem Koffer gekommen waren und als Zugezogene weder Haus noch Hof besaßen, nicht ran. Durch glückliche Umstände ergab sich jedoch ein Tausch mit dem Bauernpaar Franz und Frieda Ehrke von Hufe IV in Barnstorf. Das betagte Ehepaar war mit dem großen maroden Ensemble überfordert. Frieda Ehrke freute sich darüber, dass sie nun – im November 1982 – von der Osterseite in Barnstorf ins „Handschenviertel" auf die Westerseite des Ostseebades ziehen konnten, wo früher von den flanierenden Kapitänsfrauen und vornehmen Gästen feine Handschuhe getragen worden waren.

In Barnstorf rotierte nun fast täglich der Betonmischer. Daran kann sich Tochter Riekje noch gut erinnern. Die damals 7-Jährige und der 10-jährige Bruder Jochen waren vom Umzug nicht begeistert, weil sie nun einen langen Schulweg hatten. Freunde, Verwandte und Seefahrtschüler halfen an den Wochenenden beim Restaurieren gern mit, denn es gab gut und reichlich zu essen auf Hufe IV.

Gabi und Peter Eymael segelten jeden Sommer unter rostbraunen Segeln mit ihrem Zeesenboot „Butt" zur Insel Usedom nach Lüttenort zum Maler Otto Niemeyer-Holstein. Die Erlebnisse dort und die anregende Atmosphäre prägten die beiden Barnstorfer.

Ihre erste Ausstellung gestaltete Gabi Eymael 1985 zur 750-Jahrfeier Wustrows im Fischlandhaus zum Thema „Dat Dörp un de grote Welt" gemeinsam mit ihrem seefahrenden Mann, der gerade zu Hause war. Dafür hatten sie Fotos und Exponate im ganzen Dorf ausgeliehen. Die Ofensetzerin und spätere Küsterin Magdalene Hansen stellte aus ihrer eigenen Sammlung kostbare Seemannsmitbringsel aus verschiedenen Teilen der Welt zur Verfügung.

Anlässlich des Jubiläums sollten gleichfalls Künstler, die hier lebten oder Urlaub machten, ausstellen, damit das „Feiervolk" auch mal etwas Besonderes kaufen konnte. Aber wo durften sie ihre edlen Stücke präsentieren? Die Keramiker Astrid und Gerd Lucke aus Weißenfels gaben die Antwort: in der Scheune von Hufe IV in Barnstorf. Sie hatten ihre Ausbildung an der Kunsthochschule in Halle-Burg Giebichenstein absolviert. Eine Hälfte der ehemaligen Räucherei in Barnstorf, in der einst der Bildhauer Johann Jaenichen sein Atelier eingerichtet hatte, diente ihnen und Tochter Anna als Sommerhaus. Die beiden Künstler erlebten deshalb hautnah die Bauschritte an der Scheune mit und fanden sie für das Vorhaben geeignet.

Und so kam es dann auch. Im ersten Fach der Scheune ging es um landschaftsbezogenes Bauen. Die gleichfalls präsentierte Lucke-Keramik war so begehrt, dass jeder nur zwei Stücke kaufen durfte, damit möglichst viele Leute beglückt werden konnten. Das war der Anfang der Kunstscheune, ein Provisorium mit Zugluft, eigentlich als einmalige Geschichte gedacht. Dann kamen Freunde. Mit ihnen saßen Eymaels eines Abends bei Kerzenschein und Wein hinter der großen Toreinfahrt auf der riesigen Tenne beisammen, als der Kunstschmied Christian Röhl sagte: „Hier bekomme ich Gänsehaut. Hier möchte ich ausstellen." Damit schob er die zweite Ausstellung an. Er präsentierte seine Objekte gemeinsam mit den Keramiken seiner Frau Marie-Alice Bahra.

Jo Jastram, Bildhauer, guter Freund und Mentor der Familie Eymael, beförderte die Qualität der Kunstscheune maßgeblich.

„Seither haben viele Künstler ihre Werke in diese Scheune eingefahren", sagte der Schweriner Kunstwissenschaftler Ulrich Kavka in seiner Laudatio am 1. August 2010 im Innenhof von Hufe IV anlässlich der Ausstellung „Maler des Fischlandes – Bildhauer aus Mecklenburg", die zum 25-jährigen Jubiläum dieser besonderen Kulturstätte stattfand. „Baumgruppen, Rohr gedeckte Behausungen, Schiffe, Liegeplätze, Dünen, Strände und Steilküsten, Wiesen und üppige Schilfgürtel formen sich scheinbar wie von selbst zu bildwürdigen Motiven." Einer Völkerwanderung gleich pilgerten die Besucher nach Barnstorf. Sie lagerten zwischen Stockrosen und Königskerzen und lauschten den Lobreden. Ulrich Kavka „grüßte mit Respekt die anwesenden Hauptakteure, die Künstler und auch diejenigen, die vielleicht über uns schweben und staunend auf ihr anderes Weiterleben herabblicken".

Gleich im ersten Fach war der „Bauernhof", Öl, von Dora Koch-Stetter (1881–1968) zu bestaunen, den sie noch mit „D. Stetter 1908" signiert hatte. Im Motiv zu sehen: Leiterwagen, Milchkanne und Hühner. Was passte da besser zur Scheune? Der Bilderreigen setzte sich fort bis zum „Selbstporträt Lebensweg" der weitgereisten Hedwig Woermann. Neue Arbeiten zeigte der Bildhauer Rainer Kessel, der „im Winter ziemlich rauschhaft" etwa 40 archaisch wirkende Helme, Masken und Schädel aus Blei geformt hatte. Auf dem bronzenen Schachbrett des Bildhauers Wolfgang Friedrich kämpften Griechen gegen Perser. Im Mittelgang der Scheune wachte ein „Engel im guten Anzug", ein Unikat aus Eiche der Bildhauerin Susanne Rast, über ihre feinsinnigen Skulpturen. Ihr „Engel im guten Anzug" aus Bronze mit goldenen Lilien im Samurai-Gewand, der neben der Scheune stand, gilt als „Hommage an die Vertreter einer väterlichen Generation" und besonders an ihren 2011 verstorbenen Vater und Lehrmeister Jo Jastram. „Es geht um Demut vor den anderen Menschen,

Gabriele und Peter Eymael mit dem Bildhauer Wolfgang Friedrich an dem von ihm geschaffenen Brunnen in Barnstorf

die weise sind." Die Ausstellungseröffnung gipfelte wie jede in einem Kunstfest mit Musik, Zuckerkuchen und Wein.

Gabi und Peter Eymael feierten nicht nur ein Vierteljahrhundert Kunstscheune, sondern zugleich ihren 40. Hochzeitstag und das 775. Jahr der Ersterwähnung des Ortes Wustrow. „Wann immer Wustrow ein Jubiläum hat, sind wir auch dran", sagte die Galeristin. Das Ehepaar beherzigt, was „Der Prophet" von Khalil Gibran spricht: „Liebt einander, aber macht die Liebe nicht zur Fessel: Laßt sie eher ein wogendes Meer zwischen den Ufern eurer Seele sein."

In der Kunstscheune hängen die Bilder an Lehmwänden. Skulpturen und Plastiken stehen auf dem mit Seesand bedeckten Boden, der allabendlich geglättet wird.

Selbst im November, wenn die schwache Sonne über den Schilfgürtel scheint, die Schafe mit immer gleicher Ruhe auf der Wiese neben dem Haus grasen und die Saatgänse langsam äsend über das Feld ziehen, ist die kleine Welt Barnstorf sehr schön und erholsam.

▲ *Gerd Wolff während einer Kräuterführung am Deich in Prerow*

Der Wolf(f) zieht Spuren im Wald und im Ostseebad Prerow

▸ Gerd Wolff, 1939

Die Pflanzen, die Tiere und die Ortsgeschichte lenken ihn. Für alles ist ein Kraut gewachsen.

Vor der Tourist-Information mit der historischen Haustür von 1931 in Prerow versammeln sich 30 Gäste zur Wildkräuterführung. Links und rechts gedeihen Storchenschnabel, Erdbeeren, Katzenminze und schwedischer Salbei. Gerd Wolff fährt sachte mit dem Fahrrad vor und ruft: „Guten Morgen!" Schon ahnen alle, das muss der Naturführer sein. Mit Strohhut, Jeans und kariertem Hemd steht er da, das Gesicht so glatt wie ein Jaspis, die Augen blau wie die Blüten der Wegwarte.

„Junge, Junge", sagt er beim Anblick der zahlreichen Wissbegierigen. Und ein Gast: „So viele Kräuter wie wir sind, haben sie nicht." Gerd Wolff ist belustigt, zieht eine Melde und eine kleine Brennnessel aus dem Rasen und erklärt die Heilwirkung. Er dreht sich zur Weißdornhecke. „Sie ist ein großer Schatz, macht uns das Herz stark und hält den Kreislauf in Schwung." Sagt's und kaut ein Blatt. Einige folgen seinem Beispiel.

Gerd Wolff sorgt sich um die Gesundheit, erklärt biologische Zusammenhänge und gibt sein Wissen und seine langjährigen Erfahrungen gern weiter. Viele Wildkräuter hat er selbst ausprobiert. „Wir gehen durch essbare Landschaften", sagt er und findet, was der Rasenmäher nicht erwischt hat. „Gänseblümchen, in einer Tinktur, sind gut gegen Altersflecken, der wuchernde Giersch hilft bei Arthrose, die Blätter der Knoblauchrauke würzen den Salat. Das Klebkraut kann man auch als Brosche nutzen", sagt er und klebt sich eine Ranke ans Hemd.

Verschmitzt, humorvoll, mitunter ironisch führt er auch am Deich entlang. Das hohe Gras ist gemäht und bereits getrocknet. Eine Handvoll riecht nach frischem Kräuterheu. „Es wird in die Zugänge zum Strand gelegt, damit der Wind den feinen Sand nicht davonträgt." Der Wolff warnt vor den Eiben und dem Schierling. „Wer möchte sich schon den tödlichen Schierlingsbecher reichen lassen?" In seinem eigenen Garten duldet er Löwenzahn und Schafgarbe, gedeihen Wermut, Baldrian und Beifuß, wachsen großflächig duftende süße Wilderdbeeren. „Das schönste Frühstück ist für mich, wenn ich einen Apfel oder eine Banane nehme und mich durch den Garten zupfe." Was Gerd Wolff erzählt, lebt er auch.

Er wurde im Juni 1939 am Stettiner Haff, in Ueckermünde – damals noch Ückermünde –, geboren. Dort lernte er Forstwirt. Durch seinen Beruf gelangte er 1956 auf den Darß nach Born, wo er sich zum Jäger ausbilden ließ. „Ich kannte die Abteilungen im Wald besser als die Dörfer." Der Wald ist in Jagen, auch als Abteilung bezeichnet, von 20 bis 35 Hektar eingeteilt. Das Abteilungsnetz dient der Übersicht und Orientierung zur Bewirtschaftung. Auch der Laie kann sich nach den Jagensteinen richten, weil sie beziffert und nach Osten mit Kleinbuchstaben versehen sind. Wolffs Vater Otto arbeitete auf der Insel Poel als Leuchtturmwärter. „Der war ein Wald- und Holzmensch, obwohl er Seemann war." Otto Wolff kam 1959 auf den Leuchtturm Darßer Ort als Leiter der Station. Eine Stelle für einen weiteren Leuchtturmwärter wurde 1961 frei. Gerd Wolff übernahm sie, wohnte dort mit seiner Familie und blieb bis zur Automatisierung 1978. Hautnah erlebte er die Landveränderungen. Etliche Jahre war

▲ *Wildkräutersuppe mit Borretschblüten und Sonnenblumenkernen*

er Mitarbeiter im Darß-Museum. Als die drei Kinder „flügge" waren, baute er sich mit Hilfe eines Zimmermanns 2001 sein schönes kleines ökologisches Holzhaus, das neben dem Museum steht. Akeleien schmücken den Eingang zur Pforte, Gänseblumen säumen den Pfad durch die Wiese zum Haus.

Nach etwa drei Stunden „auf den Läufen" kehrt Gerd Wolff mit den Gästen zum Ausgangspunkt zurück. Bis zur nächsten Führung ist Zeit für eine Wildkräutersuppe. Er ziert sie mit blauen Borretschblüten und Sonnenblumenkernen.

Regelmäßig und zuverlässig bot er für die Kurverwaltung Prerow Wanderungen durch das Seebad und seine Umgebung zu drei Themen an: Wildkräuter, Wald und Ortsgeschichte – bis ihn 2018 plötzlich eine Krankheit ausbremste, von der er sich langsam erholt.

Eine charmante, unentbehrliche Gastgeberin

▸ Helga Mau, 1939

Die Tür geht nicht zu, bevor Helga Mau nicht hineingehuscht ist. Jeden Montag kommt sie ins Borner Sommertheater zur Chorprobe. Im Umkleideraum versammeln sich die Mitglieder um das alte Klavier, an dem vor den Konzerten der auch musikalisch talentierte Deutsch- und Englischlehrer Thomas Kampf musiziert. Acht Jahre leitete er den Chor, dann übergab er der Buchhändlerin Melanie Nentwig aus Zingst die musikalische Leitung. Sie hatte am Gymnasium als Hauptfach Musik gewählt und dabei eine Musik-Mentoren-Ausbildung absolviert. Für sie ist Helga Mau „unverzichtbar".

„Wir sind ein soziales Gefüge, von 26 bis 87", sagt Helga Mau lachend. Gitarre spielt Ehemann Eckhard, Akkordeon Manfred Honig, und Bernhard Lassalle bereitet für alle die Noten vor. Elke Segebarth, Altistin, gestaltet das Einsingen. Sie hatte zehn Jahre Gesangsunterricht bei Michael Goßmann am Hohen Ufer in Ahrenshoop genommen.

Seit 1977 fühlt sich Helga Mau in Born zu Hause. Eine der schönsten Darßer Türen schmückt das Rohrdachhaus der Familie mit Blick zum Saaler Bodden. In Wesseling, nahe Köln, wurde sie 1939 geboren, liebevoll von zwei älteren Schwestern umsorgt und durch die Wirren des Krieges gebracht. Die Mutter starb, als Helga vier Jahre alt war. So wuchs sie im Spannungsfeld einer katholischen Großmutter und eines Vaters mit kommunistischen Idealen auf, bis zur achten Klasse ging sie in eine katholische Volksschule. 1954 sah Helga, die damals noch Filebrandt mit Nachnamen hieß, ihre Chance in der DDR, wo die Schwestern ihres Vaters lebten. Sie legte in Angermünde/Uckermark am Einstein-Gymnasium ihr Abitur ab und studierte an der Humboldt-Universität zu Berlin Geschichte und Deutsch mit dem Ziel, Lehrerin zu werden. Während dieser Zeit sang sie im Ernst-Hermann-Meyer-Ensemble. Als Lehrerin arbeitete sie 18 Jahre, verließ wegen Krankheit den Schuldienst.

Es folgten sieben Arbeitsjahre in der Jugendherberge Ibenhorst nahe Born, wo sie als stellvertretende Jugendherbergsleiterin den kulturellen Rahmen schuf, Programme für Schulklassen und Reisegruppen organisierte und sie auf Fahrten begleitete. „Dadurch habe ich meinen Bezug zum Lehrerberuf nicht ganz verloren." In Ibenhorst

▸ *Helga Mau mit Helge Koch im Einakter „Der Bär" nach Anton Tschechow*

◂ *Helga Mau in ihrem Zuhause in Born*

lernte sie junge Künstler wie den Liedermacher Arno Schmidt und den Puppenspieler Harald Preuß kennen, die alljährlich im Sommertheater auftraten, das sie bereits 1987 im Auftrag der Gemeinde ins Leben gerufen hatte. Die Idee ging auf die damalige Bürgermeisterin Susanne Bernitz zurück, die ein Konzept für die kulturelle Entwicklung der Gemeinde Born und für ein Sommertheater entwickelt hatte, das der Rat der Gemeinde dann ermöglichte. „Wer Urlaub anbieten will, muss auch Kultur anbieten", war ihre Motivation. Sie besorgte eine bezahlte Planstelle für Kultur über die Landwirtschaftliche Produktionsgenossenschaft in Schulenberg bei Marlow. Das war einer der Betriebe, die auf dem Borner Zeltplatz Ferienobjekte unterhielten und nutzten. Im Gegenzug zahlte der Betrieb das Gehalt für Helga Mau. Sie war für Susanne Bernitz die „passende kreative quirlige Person".

„In der DDR kamen zu den Abendveranstaltungen in knitterfreien Präsent 20-Anzügen mitunter alleinstehende Herren, von denen man annehmen musste, dass sie sich besonders für politische Inhalte der Kabarettprogramme interessierten." Oder für den aus Prohn bei Stralsund kommenden Pastor Manfred Krüger, der Abende in Plattdeutsch gestaltete.

Auch die nach 1989 folgenden Bürgermeister unterstützten die Kultur, und Helga Mau erhielt eine Festanstellung in der Gemeinde. Bis 1997 war sie offiziell Kurdirektorin in Born, wirkte danach im Familienbetrieb „MauGrafik" mit und kümmerte sich bis zur Corona-Krise freischaffend für die Kurverwaltung um die Kultur in Born und Wieck. „Da geht es nicht nur ums Kartenabreißen und um die Begrüßung." Helga Mau plant über das Jahr etwa 70 Veranstaltungen, besorgt Quartiere für die Künstler und knüpft persönliche Kontakte. Doch hat sie auch selbst Freude am Verwandeln. Mal deklamierte sie eines „De drei Fräuleins" nach der Zingster Heimatdichterin Martha Müller-Grählert, mal schlüpfte sie in die Rolle vom „Hamburger Mädchen fürs Geld" oder spielte die Großmutter in dem Singstück „De Hosen" von Rudolf Tarnow. „Großmutter bin ich nun ja wirklich", sagt sie und verfällt zuweilen in die Kölner Mundart oder berlinert.

Mit dem Borner Ensemble brachte sie Programme über Brauchtum und die Entwicklung vom Fischer- und Seefahrerdorf zum Urlauberort auf den Weg. Dabei trägt sie eine blütenweiße Haube und Bluse, als Einzige eine schwarze Schürze mit Stickerei, schafwollene Socken und Holzpantinen. Ehemann Eckhard, bis 1989 Theatermaler am Metropoltheater in Berlin, ist als Bassist mit dabei. „Leider

Helga Mau in ihrer Tracht vor der Darßtür ihres Rohrdachhauses

haben wir keine musikalische Ausbildung. Die ließ sich nicht mehr nachholen. Aber wir leben von der Freude an der Musik.“ Die ist offensichtlich, denn bei allem schwingt Leidenschaft mit. So schaffte Helga Mau, Mutter von vier Kindern mit sechs Enkelkindern, den Spagat zwischen Familie und Kunst.

Im Borner Spielkreis „Rampenfieber“ verkörperte Helga Mau bei der Inszenierung der „Bremer Stadtmusikanten“ den umherflatternden Hahn. Die Rolle entspricht ihrem Wesen: Sie ist ständig unterwegs. Ihr Temperament und die Sopranstimme hat sie von der rheinischen Großmutter und von der musikbegabten Mutter geerbt. Seit vielen Jahren organisiert Helga Mau Konzertreihen mit der in Ahrenshoop lebenden Pianistin Ulrike Mai und der Klavier-Professorin Mara Mednik, die 1992 von St. Petersburg nach Hamburg kam. Eingeladen werden sehr junge, international schon geschätzte Künstlerinnen und Künstler – für Kammermusik- oder für Solokonzerte.

Zu Konzerten in der Borner Kirche und im kleinen Sommertheater kam Walter Kaufmann gern. Er genoss die von Helga Mau organisierten Veranstaltungen und die unmittelbare Nähe zu den Künstlern. So verwundert es wenig, dass der Schriftsteller zu dem Schluss kam: „Helga Mau ist eine charmante, unentbehrliche Gastgeberin der Künste. Unentbehrlich auch für die Darßer und deren Gäste aus aller Welt.“

Vom Verlust der Heimat

▸ Hans Rahnenführer, 1940

„Wo ist die Kindheit, rauschend wie eine Quelle, wo ist der Ursprung, wo sind die ruhmvollen Zeiten der Urahnen?“ Das schreibt der litauische Bildhauer und Maler Eduardas Jonušas, Jahrgang 1932, in seinem autobiografischen Buch „Hund ist auch Mensch“.

Den Ursprung seiner Kindheit zu finden, machte sich Kapitän Hans Rahnenführer im Mai 2012 auf den Weg. Das Boddendorf Wieck war seit 2006 seine Wahlheimat.

Die erste Berührung mit dem Darß erlebte er im Juli 1995. Mit dem Dreimastgaffelschoner „S/S Amphitrite“ und 29 Mann Besatzung versuchte er, mit Genehmigung des Hafenkapitäns Heinz Scherbinske in den Nothafen Darßer Ort einzulaufen – und saß bereits in der Einfahrt im Schlick fest. Obwohl dasselbe Schiff mit vier Metern Tiefgang und einer Länge von knapp 50 Metern kurz zuvor unter Führung eines Kollegen und dessen Crew dort noch gelegen hatte. Der Hafenkapitän erwartete Rahnenführer an der Kaimauer und winkte ihn vor der Einfahrt zum Anlegen heran. „Beim laufenden Funkverkehr vergaß er mir zu sagen, dass sich der Wasserspiegel durch Windsprung gesenkt hatte. Mit aufwendigen Manövern bekamen wir das Schiff wieder flott und ankerten vor der Seebrücke in Prerow. Das war eine Attraktion für die schaulustigen Sommergäste.“ Die südlich von Kopenhagen in Köge neu eingeschiffte Crew erhielt zur Belohnung den versprochenen Landgang.

Hans Joachim Rahnenführer wurde am 16. Januar 1940 in Königsberg, heute Kaliningrad, Калининград, geboren. Der Krieg überschattete seine Kindheit. Nach seinem Geburtstag im Januar 1945 ging die 17-köpfige Großfamilie mit wenigen Habseligkeiten auf einem Schlitten bei minus 20 Grad zum Hauptbahnhof. Dort begann die Reise gen Westen im Viehwaggon bis Pillau. Etliche Erlebnisse gruben sich tief in die Kinderseele ein. „Der Zug hielt mehrmals an, weil die Schienen nicht frei waren. Die Schiebetüren wurden zum Lüften von außen geöffnet.“ Ein Boot brachte die Flüchtlinge vom Königsberger Vorhafen in Pillau auf die Frische Nehrung. Von dort schleppten sie sich zumeist über das Eis des Frischen Haffs bis kurz vor Gotenhafen. Der kleine Hans durfte mitunter auf einem Pferdewagen mitfahren. Wegen der eisigen Kälte und des Schneetreibens erkrankte er an einer schweren Lungenentzündung, an deren Folgen er bis heute leidet. Lastkraftwagen der Wehrmacht nahmen die Flüchtlinge für den Rest der Strecke auf. Sie warteten tagelang vor der „Gustloff“, die zu ihrem Glück bereits überladen war – so mussten sie nicht den folgenden Untergang des Schiffes erleben.

Zu Fuß ging es nach Nordhausen im Harz zur Auffangstelle der Engländer. Von dort wurde die Großfamilie nach Niedersachsen, nahe Osterkappeln, gebracht und einem Bauern zugewiesen. Sie lagerten nachts in der Milchküche auf Strohsäcken und mussten morgens um 6 Uhr, wenn die Milchkannen im Wasser gekühlt wurden, ihre Bleibe verlassen. Eine andere Herberge gab ihnen der Landwirt nicht. Die unwürdigen Zustände änderten sich, als die Flüchtlinge am Mittellandkanal in Venne Quartier bei einem Bäcker bekamen. „Dort wurden wir herzlich aufgenommen. Es gab gutes Brot, Arbeit – und es war warm.“

„Bereits mit 15 Jahren“, so Hans Rahnenführer, „heuerte ich mit meinem Seesack auf einem Küstenmotorschiff in Hamburg an und

▲ *Hans Rahnenführer auf der Autofähre beim Auslaufen von Klaipeda zurück nach Sassnitz-Mukran, 2012*

fuhr weltweit auf großen Handelsschiffen." An der Hamburger Seefahrtschule erwarb er das Steuermannspatent „Auf Großer Fahrt A5" und nach zwei weiteren vorgeschriebenen Jahren als Offizier das Kapitänspatent „Auf Großer Fahrt A6" an derselben Seefahrtschule. Durch familiäre Umstände blieb er an Land und begann 1970 an der Universität Hamburg ein Studium der Mathematik und Hafenwirtschaft für das Lehramt an Berufsschulen. Er schloss es mit dem ersten und zweiten Staatsexamen ab. Als Oberstudienrat wurde er Jahrzehnte später pensioniert.

Die Fahrt in die Vergangenheit, auf der ich ihn begleite, beginnt für Hans Rahnenführer im Mai 2012 im Hafen Mukran auf Rügen. Auf einem Langzeitparkplatz lassen wir meinen kleinen Fiat Panda zurück. Die Autofähre legt um 21 Uhr ab. Nach litauischer Zeit ist es bereits 22 Uhr. Das große Schiff läuft fast gradlinig in 19 Stunden 500 Kilometer nach Osten.

Am Kai von Klaipeda, früher Memel, wo Hans zwei Jahre mit seiner Mutter gelebt hatte, erwartet uns Wirtschaftsingenieur Werner Feser. Er stammt aus dem Glottertal und ist mit der Litauerin Aušra verheiratet. Mit ihr betreibt er in Nida, früher Nidden, ein Reiseunternehmen. Feser bringt uns zu den Litauern Juozas und Danute, bei denen wir in einem Holzhäuschen wohnen, nur 20 Schritte vom Haff entfernt. Im Garten blühen hochstämmige Apfelbäume. Dazwischen sind Wäscheleinen stramm gespannt, stehen rund gestapelte Birkenscheite wie Waben. Viele kleine Kirschbäume werfen ihre Blüten ab. Wie Schnee bedecken die den Boden. Über Starenkästen drehen sich Kurenwimpel nach dem Wind. Sie enthalten die gesamte Lebensgeschichte einer Fischerfamilie. Juozas, 1940 geboren, hat sich dieser Handwerkskunst verschrieben und bessert damit seine Rente auf. Aušra bedeutet Morgenröte. Sie hat Hydrologie und Geographie studiert. Mit ihr sind wir sachkundig auf der litauischen Seite der knapp 100 Kilometer langen Kurischen Nehrung unterwegs zu den über 70 Meter hohen Dünen. Ebenso lang erstreckt sich der weiße Ostseestrand. „Eisensulfid mit Ruß aus dem Schornstein und Heringsfett gemischt, damit wurden die Häuser gestrichen", erzählt Aušra, „Fenster und Türen blau-weiß, die Spitzen der Lattenzäune nur weiß. Dieses ist das dritte Nidden. 14 Dörfer hat die Düne verschluckt. Jetzt driftet sie ins Haff. Die Kurenkähne der Fischer brauchten früher keinen Hafen. Sie wurden an den Strand gezogen."

Die Litauerin führt uns zum Maler Eduardas Jonušas, der im Erdgeschoss seines Hauses im Rollstuhl sitzt, und nach oben ins Atelier. Seine surrealistischen Bilder sprechen vom unendlichen Leid der in russischen Arbeitslagern gequälten Menschen.

Wir steigen zum Haus von Thomas Mann hinauf. Während seiner Sommeraufenthalte 1930 bis 1932 in Nidden arbeitete er an dem Roman „Joseph und seine Brüder". Er beendete den zweiten Teil „Der junge Joseph" und begann den dritten Teil „Joseph in Ägypten". Dann gehörte das Haus Hermann Göring, der jedoch niemals dort war.

Das Heimatmuseum von Nida zeigt die Geschichte des Ortes mit Erklärungen in litauischer, russischer und deutscher Sprache. Grabmale auf dem Friedhof waren ein beliebtes Motiv der vergangenen Niddener Malerkolonie. Das bezeugt das Bild „Fischerfriedhof in Nidden", 1893, von Lovis Corinth.

Ende 1944 waren fast alle Einwohner von der Kurischen Nehrung geflohen. Am 2. Februar 1945 wurde Nida von der Roten Armee besetzt. In der alten Kirche liegt seit 1997 ein Buch mit den Namen „der ehemaligen Einwohner von Nidden, Preil und Perwelk, die in den beiden Weltkriegen oder auf der Flucht ihr Leben verloren, die nach 1945 verschleppt oder ermordet wurden und die fern der Heimat gestorben sind". Hier ist auch Helene Trauschies eingetragen, die am 5. Oktober 1920 in Preil geboren wurde und Jahrzehnte das Darß-Museum in Prerow leitete. Über dem Buch hängt ein schlichtes Kreuz, entworfen von Eduardas Jonušas.

‣ *Hans Rahnenführer in „seiner" Hippelstraße, heute Омская, im ehemaligen Königsberg, heute Калининград*

Auf der russischen Seite der Kurischen Nehrung, nur 25 Kilometer von Nida entfernt, in Rossitten, heute Рыбачий, springt der Verlust der Heimat ins Auge. Die Abfertigung an der Grenze dauert eine Stunde! Personen, Reisepass, Visum, Gepäck – alles wird mehrmals durchleuchtet. Welch trostloser Ort, in dem nur noch der Name an einem Gebäude an Rossitten erinnert. Die Haffküste voller Unrat, ganz nah ein pompöses, stilloses Hotel. Fast jedes Gehöft verwahrlost oder verunstaltet durch unfertige Anbauten. Eine Babuschka schützt in ihrem Garten Tomatenpflanzen mit bodenlosen verrosteten Metalleimern. In der Kirche mit zahlreichen Ikonen beichten Frauen in blumigen Kopftüchern dem Priester laut ins Ohr. Als Zeichen der Vergebung legt er ihnen ein Tuch über die Schulter.

Nach erholsamen Tagen in Nida erreichen wir nach drei Stunden Busfahrt Kaliningrad. Die kurvenreiche Straße, sie führt an Rossitten vorbei, säumt üppiger Mischwald. In der Villa Severin, deren Inhaberin uns für die private Reise die notwendige Einladung geschickt hatte, empfängt uns Alice. Wir benutzen preiswerte öffentliche Verkehrsmittel, gehen zu Fuß und finden mit einem deutschen und russischen Stadtplan die Hippelstraße, heute Омская, im ehemaligen Stadtteil Oberhaberberg. Dort hat Hans Rahnenführer bis zur Flucht mit der Großmutter, Tante und Schwester Lucie gewohnt. Die Häuserzeilen auf beiden Seiten sind zu 80 Prozent erhalten, die Linden hoch gewachsen. Da kommt eine Russin mit ihrem Hündchen vorbei und lädt uns spontan zum Tee ein. Der überraschte Ehemann holt Brot und Erdbeeren, und dann bricht der kleine Küchentisch unter den Speisen beinahe zusammen. Der Wodka fehlt nicht, wir singen russisch das Lied „Katjuscha". Über kaputte Gehwege und löchrige Straßen geht es dann bis zum Dom. Kaliningrader Neubauten, gemischt mit morbiden Häusern vergangener Baukultur, dominieren das Stadtbild. Die Fischergasse wurde mit finanziellen Mitteln der Bundesregierung Deutschland wieder original aufgebaut. Alles überragt seit 1969 ein Hochhaus, das auf dem Gelände des ehemaligen Schlosses errichtet wurde, aber wegen mangelnder Statik nie bewohnt werden konnte.

Ein Zug ohne Toiletten bringt uns nach einer Stunde ins Seebad Rauschen, Светлогорск, wohin Hans oft mit Schwester Lucie und der Großmutter gefahren war. Dort befinden sich ein Fahrstuhl und eine Seilbahn vom Steilufer zum Meer, erbaut 1973, jedoch beides seit 2010 außer Betrieb.

Nach drei Tagen fahren wir mit einem russischen Bus, der nie ein Wischtuch gesehen hat, von Kaliningrad über die Kurische Nehrung zurück nach Klaipeda. Auf dem Marktplatz erleben wir neben der Plastik „Ännchen von Tharau" Gesang und Volksmusik live, bis wir nach Sassnitz einschiffen – im Gepäck das Buch „Hund ist auch Mensch".

Ein erfülltes Leben wird hilflos

▸ Wolfgang Sohn, 1941

Im Kamin knistert kein Holz. Das Atelier von Wolfgang Sohn ist verwaist. Sonst ist alles unverändert. Über dem Sofa in barocker Hängung Radierungen der Malerin Elisabeth Sittig, eine „Modenschau“ von Feliks Büttner und zwei eigene Werke. Sie zeigen die Altstadt von Prag. Die Bilder entstanden während seines Studiums an der Fachhochschule für angewandte Kunst in Heiligendamm.

Wolfgang Sohn kam am 29. September 1941 im ostpreußischen Landsberg bei Königsberg zur Welt. Der Vater war im Krieg, die Mutter floh mit drei Kindern zur Großmutter nach Greifswald. Dort wurde Wolfgang eingeschult. Die Familie folgte dem heimgekehrten Vater nach Wolgast und Sassnitz, wo er jeweils Arbeit gefunden hatte. Das empfindsame Flüchtlingskind Wolfgang lernte früh den Ernst des Lebens: „Immer wieder aufstehen in den neuen Klassen, sagen wie man heißt, woher man kommt.“ Unter mehr als 30 Schülern wurde er kaum beachtet. Er begann *schön* zu schreiben. Dadurch fand er Anerkennung, desgleichen über das Malen und Zeichnen. Die Mutter war Schneidermeisterin. Von ihr lernte er nähen, sie weckte bei ihm die Liebe zum Garten, sie lehrte das Kochen und Backen und vererbte ihm ihren Humor. In Stralsund wurde Dagmar Puttnies-Munk, Lehrmeisterin für Werbung, seine Ausbilderin, als er Dekorateur- und Plakatmaler lernte. Sie war Flüchtling aus Driesen-Vordamm in Posen.

Wolfgang Sohn studierte anschließend an der Fachschule für angewandte Kunst in Heiligendamm und ließ sich zum Grafikdesigner ausbilden. In Heiligendamm lernte er die Goldschmiedin Eva Krebs kennen, die hier gleichfalls studierte. Mit ihr lebte er seit 1976 in Barth in einer Haushälfte in einem Siedlungsgebiet von 1936. Während Eva grazilen Schmuck entwarf und fertigte, floss Wolfgangs Ideenreichtum in eine Vielzahl an Plakaten und Programmheften für das Stralsunder Kabarett, das in der DDR „Seeigel“ und nach der politischen Wende „Sägefische“ hieß. Signets wurden sein Spezialgebiet. Er schuf zahlreiche Logos, darunter für die Kammermusiktage Barth

▸ *Wolfgang Sohn in seinem Atelier*

den geigenden Reiter für den „Art Club Martin Panteleev“, dessen Gründungsmitglied Wolfgang Sohn war. Sein Logo für die Bürgerrechtsbewegung „Neues Forum“ in den Regenbogenfarben begleitete die Wendezeit. Grafik, Kunsthandwerk und Malerei gingen bei dem feinsinnigen Künstler zusammen.

Zwischen den beiden Arbeitsräumen lag die Küche. Dort ging schon mal einer hin, kochte Tee und holte den anderen dazu. Hier wuchsen die Söhne Johannes und Georg heran. Das Glück wurde im Februar 2000 jäh unterbrochen. Georg starb 21-jährig bei einem Verkehrsunfall. „Es gibt nichts, was uns die Anwesenheit eines lieben Menschen ersetzen kann, und man soll es auch gar nicht versuchen – man muss es einfach aushalten und durchhalten.“ Dietrich Bonhoeffers Worte setzte Wolfgang Sohn auf die Danksagung für die Trauerbekundungen. Nach Georgs Tod erhielt das Paar keine Aufträge mehr. Niemand traute sich zu den Unglücklichen.

Dann kam unverhofft das Angebot, das Bibelzentrum in Barth zu gestalten. Das war die Rettung für Wolfgang Sohn. Er sprühte vor Ideen: Glaubensfragen, Reformation, Schöpfungsgeschichte, das Kirchenjahr mit der weltlichen Vitrine. Alles inhaltlich erdacht und zusammengetragen, von der ersten Keilschrift über Papyrusrollen, Pergament, Ziegenleder bis zu Gänsefedern. Zwei Etagen gestaltete er. In einem Raum befindet sich ein regenbogenfarbiger „Fischschwarm“ mit Fragen, die auf der Unterseite erklärt sind. „Wer prophezeite, dass Menschen aus Schwertern Pflugscharen machen werden?“ – „Der Prophet Jesaja (auch Micha).“ Gelungen und tausendfach erprobt von den Besuchern.

Viel Energie steckte Wolfgang Sohn 2011 in seine Personalausstellung im Vineta-Museum, durch die Besucher erstmalig eine Ahnung von seinem umfangreichen Schaffen erhielten.

Wolfgang Sohn arbeitete eng mit dem Förderverein Dokumentations- und Begegnungsstätte Barth zusammen. Er gestaltete Ausstellungen zum Thema Juden in Barth von 1933 bis 1944. Die wachsende Gewalt verdeutlichte er durch immer dunkler werdende Grautöne in den Tafeln und durch den stärker gefärbten Judenstern.

Ein kleines Juwel ist auch die Broschüre „Das Jubiläumsjahr 2005 der Stadt Barth“. Ein ganzes Jahr in Bildern!

Mit 40 bekam Wolfgang Sohn die ersten Hörgeräte, doch machte ihn die Schwerhörigkeit zunehmend einsam. Seine Magenschmerzen waren psychischer Natur.

In seinem Kopf entwickelte sich ein Kraftwerk mit vielen Tönen. „Ich muss mich beruhigen“, sagt er, legte sich in das gemeinsame Wohnzimmer und versuchte, sich auf *einen* Ton zu konzentrieren. Da halfen sieben Wochen in der Psychiatrie nicht. Auch nicht die folgenden sieben Wochen in der Tagesklinik. Eva besuchte ihn täglich in Stralsund. Wolfgang litt. Und sie litt mit ihm. „Die Angst beschlich ihn.“ Sie betete nach Matthäus, die bösen Geister mögen in die Säue fahren. „Er war so traurig, sah überall Katastrophen.“ Gerade in dieser Zeit rollten Aufträge an. Die große Nordkirche brauchte Kirchensiegel. Acht Siegel hat er noch gearbeitet. Wieder und wieder zweifelte er an sich.

Im Atelier führt eine blaue Treppe hinauf zum Computer – dem Herzstück seiner Arbeit nach der Wende. „Zuvor war alles von Hand gemacht, gezeichnet, geschnitten. Da hat es noch nach Farbe gerochen. Die Atmosphäre war eine andere“, sagt Eva Sohn.

Nur eine Wand trennt das Herzstück vom Dachboden mit freien Balken. Dahin ging Wolfgang Sohn am 16. Juli 2015 mit einem Strick in der Hand. Die Tür ließ er offen. Eva fand ihn. Sie umarmte ihn ein letztes Mal.

▲ *Anne-Dore Baumgarten während einer Chorprobe vor der Nerlich-Orgel in der Seemannskirche zu Prerow*

Ein Leben mit Musik

Anne-Dore Baumgarten, 1941

Schwungvoll steigt die grazile Anne-Dore Baumgarten die Stufen im „Haus des Gastes“ zum Flügel hinauf. Im Ottomar-Enking-Zimmer empfängt sie jeden Dienstag ihre Chormitglieder der Fischländer Kantorei im Ostseebad Wustrow. Nach kurzem Einsingen wird geprobt. Die Choralmotette zum Bibelwort „Einen anderen Grund kann niemand legen“ erklingt, verwoben mit dem Lutherchoral „Erhalt uns, Herr, bei deinem Wort“. Der Chor bereitet sich wie immer im September auf einen Festgottesdienst in der Prerower Seemannskirche zum Reformationstag am 31. Oktober vor. Das ist zugleich der Geburtstag von Kirchenmusikdirektorin Anne-Dore Baumgarten.

Die Beziehung zu Martin Luther war ihr somit in die Wiege gelegt, die 1941 im pommerschen Ueckermünde am Stettiner Haff stand. Ihre Eltern zeigten sich einfühlsam und weitsichtig, förderten und ebneten den musikalischen Weg. Der begann 11-jährig mit dem Eintritt in den Magdeburger Domchor, den Anne-Dore Baumgarten später nach dem Studium der Kirchenmusik an der Hochschule in Halle zwei Jahre leitete. Danach übernahm sie für neun Jahre das Kantorenamt der Kreuzkirche Görlitz. 1979 wurde die Kirchenmusikerin mit dem A-Diplom in die Lutherstadt Wittenberg berufen. Sie initiierte und leitete die Restaurierung der großen Ladegastorgel in der Schlosskirche, weihte sie am 31. Oktober 1994 ein und musizierte dort als Organistin und Kantorin. Parallel lehrte sie 24 Jahre als Musikdozentin am Evangelischen Predigerseminar, lebte hier mit dem Blick auf Luthers Stuben, in denen er von 1508 bis 1546 gewohnt und gewirkt hatte. Hunderte Vikare, von Pommern bis Görlitz in Sachsen, prägte sie und bereitete die jungen Menschen musikalisch-liturgisch auf die künftige Arbeit in den Gemeinden vor. Gut 500 Jahre sind vergangen, seit der streitbare Theologieprofessor Dr. Martin Luther die Kirche reformierte und den Lauf der Weltgeschichte veränderte. „Mich beeindrucken seine Lieder, sein Gefühl für Sprache und Melodie“, sagt Anne-Dore Baumgarten. „Diese haben Komponisten aller Zeiten zu wunderbaren Chor-Orchesterwerken inspiriert. Was er mit der Bibelübersetzung geschaffen hat, ist wegweisend.“

Anne-Dore Baumgarten am Flügel in ihrem Haus in Wustrow

▲ *Das schön gestaltete Kapitänshaus in Wustrow ließ Anne-Dore Baumgarten behutsam restaurieren.*

Anne-Dore Baumgarten vertonte einen Text von Friedrich Schorlemmer, den tausende Menschen in der Wendezeit regelmäßig zu den Gebeten um Erneuerung in der Schlosskirche sangen. Die erste Strophe lautet: „Lieb dein Land, brich die Wand, vergib dem Feind, such, was eint, und sag es weiter!" Sie nannten das Lied „Hymne der Revolution". Es nahm Fahrt auf, gelangte rasch zur Schwester Margitta und zum Schwager, Domprediger Giselher Quast, nach Magdeburg, wo die riesige Menschenmenge die Hymne zu den Montagsgebeten im Magdeburger Dom anstimmte.

Im Juni 1968 hatte die 26-Jährige als Kurorganistin die Ahrenshooper Kirche mit der kleinen Schuke-Orgel auf der Empore und das Fischland kennengelernt. Seitdem kam sie in jedem Jahr, spielte die Orgeln in Wustrow, Ahrenshoop und Prerow und befreundete sich mit vielen Menschen. Als sie 2003 in Wittenberg in den Ruhestand verabschiedet wurde, zog sie nach Wustrow in ihr historisches Kapitänshaus. Das hatte ihr die Kinderärztin Dr. Cosila Scheffsky vererbt. Die musikalisch begabte Medizinerin spielte Orgel und gab Kindern Klavier- und Flötenunterricht. Das Erbe war für Anne-Dore Baumgarten „ein großes Geschenk" und die Erfüllung ihres Traumes, an ihrem Sehnsuchtsort auf dem Fischland wohnen zu können.

Die Chorleiterin Anne-Dore Baumgarten führt regelmäßig Menschen unterschiedlicher Konfessionen vom Darß und Fischland, von Dändorf, Graal-Müritz, Klockenhagen, Ribnitz und Rostocker Wulfshagen zusammen. Fröhlich, doch stringent vermittelt sie geistliche und weltliche Musik: Gesänge in Gottesdiensten, Konzerte im Magdeburger Dom, in der Schlosskirche zu Wittenberg und in Kirchen der Region. In ihrer Fischländer Kantorei singen stimmlich und instrumental gebildete Mitglieder. Es ist ein gut besetzter, gemischter Chor.

Die Organistin Anne-Dore Baumgarten weihte am 6. Januar 2013 die neue Orgel des Dresdener Orgelbaumeisters Kristian Wegscheider in der Ahrenshooper Kirche ein. Dieses besondere Instrument verbirgt seine Pfeifenreihen hinter der Altarwand, die Organistin sitzt am Spieltisch im Kirchenraum. Die Klangfarbenvielfalt ist beeindruckend und begeistert Spieler und Hörer. Gemeinsam mit dem Förderverein gründete Anne-Dore Baumgarten sogleich die „Ahrenshooper Orgeltage". Als künstlerische Leiterin konnte sie jährlich namhafte Organisten zu Konzerten verpflichten. Sie selbst spielte an zahlreichen deutschen Orgeln, des Weiteren in Frankreich, Skandinavien, Weißrussland und Israel. Kammermusikalisch ist sie auch mit anderen Musikern an ihrem Cembalo zu erleben.

Anziehungspunkt für Familie und Freunde ist ihr denkmalgeschütztes Haus mit den vier Kastanienbäumen davor. Anne-Dore Baumgarten öffnet es zum jährlichen „Baum-Garten-Sommerfest". Im Hofgarten und Haus wird geschmaust, danach zum Flügel, Klavier und Cembalo gesungen, so dass sich die Nachbarn freuen und die Schwalben verstummen.

Immer wieder zieht es die Musikerin nach Wittenberg an ihre alte Wirkungsstätte zurück. „Zum Reformationsjubiläum 2017 war die Lutherstadt besonders schön geschmückt. Die großen berühmten Kirchen und die vielen Sehenswürdigkeiten sind Klang in Wort und Musik. Gestärkt und inspiriert durch Luthers Geist und die Abschiedsworte der Freunde fuhr ich zurück an die Ostsee." Einmal, als der Turm der Schlosskirche eingerüstet war, stieg sie hinauf und berührte das Schriftband mit dem Lutherlied „Ein feste Burg ist unser Gott".

Im März 2020 begann mit der Corona-Krise eine stille Zeit. Doch Anne-Dore Baumgarten spielte sonntags in den Darß-Kirchen die Orgel. Zu Hause tröstete sie sich an ihren Tasteninstrumenten mit Musik von Johann Sebastian Bach. Sie stellte eine Kerze ins Fenster, öffnete es weit und sendete einen seiner herrlichen Choräle gen Himmel und Erde.

Wustrower Theaterweiber vom Fischland

▸ Dörte Richter, 1944

Leises Klopfen an der Wohnzimmertür in der Parkstraße. Und schon huschen sie mit einer großen Tasche nacheinander hinein – die Wustrower Theaterweiber zur Probe bei Dörte Richter in der ehemaligen Büdnerei 80. Im Nu sind Tisch und Stühle mit Accessoires belegt. Aufwendige Kostüme nähen sie nicht, sie kleiden sich schwarz. „Wir fangen mit Antje und Elke an", sagt Regisseurin Dörte Richter. „‚Die eingebildete Kranke' nach Molière, ‚Le malade imaginaire'. Schön leichtfüßig und leichtzüngig." Dafür nutzen sie einen Arztkittel, für „Die Heim-OP" von Loriot sind es gleich zwei.

Die Wustrower Theaterweiber gründeten sich 2006. Weiber? „Das ist nicht abwertend, sondern in Anlehnung an die Malweiber der Ahrenshooper Künstlerkolonie gemeint. Dass wir lange ausschließlich Frauen waren, deutet nicht auf Männerhass hin, sondern angesprochene Männer waren nicht spielwillig." Das hat sich erst 2019 geändert, seit der Fischländer Klaus Czerwinski, pensionierter Polizeihauptmeister, dabei ist. Seinetwegen benannte Dörte Richter die Gruppe in „Theaterweiber +" um. Im Jahr 2021 kam noch der Wustrower Bauingenieur David Stier hinzu.

Dörte Richter öffnet ihre schönste Tür, hinter der sie Requisiten verbirgt, und holt sie hervor. Dann beginnen die ersten Szenen vor dem Kamin, ein Bühnenmaß, das sie mit Kreide markiert hat. Wenn sie Theater spielen kann, freut sie sich. Für „Die Heim-OP" legt sich die Regisseurin selbst gutgläubig auf den Tisch. „Wir wollen alles mit Augenzwinkern machen."

2006 beendete sie ihre Berufszeit als Lehrerin für Französisch und Deutsch am Gymnasium in Damgarten, drei Jahre später starb ihr Mann. Die Kinder Felix und Jenny trösteten und unterstützten sie. Doch Dörte Richter brauchte „eine Kraftquelle" für sich. Theater hatte sie schon erfolgreich mit ihren Schülern gespielt: „Die Weihnachtsgans Auguste" von Friedrich Wolf, die Ehemann und Germanist Walter Richter in Theaterform gebracht hatte, und Dürrenmatts „Die Physiker". Ihr Schüler Hannes Schumacher steht mittlerweile auf anderen Bühnen, auch im Stadttheater Aachen. Er studierte an der Hochschule für Musik und Theater in Rostock. Dort hatte Dörte Richter von 2000 bis 2002 ein Beifachstudium mit Diplom für Darstellendes Spiel absolviert, das am Gymnasium in Ribnitz und nach dessen Umzug auch in Damgarten Unterrichtsfach wurde.

Nach dem Berufsende schickte sie Briefe an Menschen, von denen sie glaubte, dass sie sich fürs Theater interessieren, und fand immer wieder neue Darsteller. „Die Chemie in der Gruppe muss stimmen." Sie stimmt. Spielfreude lässt sie einmal wöchentlich zusammenkommen, in der Endphase vor einer Aufführung zwei- bis dreimal. Von Beginn an war die Deutschlehrerin Antje Glatthaar dabei. „Zuerst mit Zögern und Zaudern. Doch dann hat es mir gleich viel Spaß gemacht." Die Probenräume wechselten. Die Gruppe traf sich vor dessen Umbau im Fischlandhaus, in der Schule und im alten Gemeindegebäude.

Seit 2011 öffnet Dörte Richter gastlich ihr eigenes Haus, das sie von ihrer Mutter Magdalene Janz, einer Nichte von Helene Bradhering, geerbt hat. Für das Kind Dörte war die Großtante eine „liebevolle Unterstützerin in Dingen des täglichen Lebens. Oft erzählte sie plastisch von ihren Seereisen." Die 1894 geborene Tochter des

Kapitäns Peter Bradhering besuchte in Wustrow die höhere Töchterschule, lernte Blumenbinderin und autodidaktisch Fotografie. Sie entwickelte sich zu einer feinsinnigen Fotografin und damit zur Chronistin des Fischlandes. Ihren Weitblick schärfte sie auf zwei großen Schiffsreisen, denn auch zwei Onkel waren Kapitäne. Diese durfte sie begleiten. So gelangte sie nach Ägypten und nach Osteuropa. Auch Dörte Richter hegte immer den Wunsch, „um die Welt zu fahren und alle Sprachen zu können."

Ihr Hochdielenhaus mit Rohrdach ist in der Broschüre „kulturpfad" des Ostseebades unter der Nummer 6 zu finden und erhielt wie die anderen Sehenswürdigkeiten des Ortes einen kleinen blauen Keramik-Stein vor der Gartenpforte. Im ehemaligen Fotogeschäft und in einer von zwei Dunkelkammern, die Helene Bradhering 1936 eingerichtet hatte, befindet sich heute das Badezimmer. Von dort schaut Dörte Richter auf das frühere Wohnhaus der Malerin und Bildhauerin Hedwig Woermann, unverkennbar durch die Pferdeschädel als Giebelzeichen.

Dörte Richter gestaltet mit ihren Theaterweibern auch Leseabende. Für einen Balladenmarathon lud sie ins eigene Haus etwa 50 Leute ein. Zum Lese-Programm gehören die „Familienbande" nach Karl Kraus und selbst erdacht „Tierisch menschlich". Alles in kleinen Räumen möglich, etwa 90 Minuten dauern diese Veranstaltungen. Im Jahr 2021 feierten die „Theaterweiber +" ihr 15-jähriges Jubiläum mit einer Adaption nach Frank Wedekinds Einakter „Der Kammersänger".

Dörte Richter liebt besonders die strukturierte Musik von Bach und Telemann und neben vielen anderen Geschichten die von Loriot, Victor von Bülow „Es blaut die Nacht, die Sternlein blinken ..." Und sie versäumt keine Vorstellung, wenn Tochter Jenny Schäuffelen mit Klavier und Akkordeon im Haus des Gastes in Wustrow oder auf anderen Bühnen musiziert und gemeinsam mit der Französin Marie Giroux als „Duo Pariser Flair" mit Chansons die Zuschauer anspricht: „C'est si bon."

▲ *Die Wustrower „Theaterweiber +" mit Antje Glatthaar, Dörte Richter, Heike Grundmann (vorn, von links) sowie David Stier, Christiane Müller und Klaus Czerwinski (hinten, von links)*

▲ *Spiegelungen am Darßer Weststrand, ungefähr an der Stelle, von der aus Walter Dittrich und Reiner Kaiser 1964 mit ihrem Faltboot flüchteten*

März-Mut oder jugendlicher Leichtsinn

Walter Dittrich, 1943, und Reiner Kaiser, 1945

„Zwei große Säcke haben wir nachts auf dem Fahrrad zum Weststrand gebracht. In einem steckten die Haut und die Spritzdecke und in dem anderen das Holzgerüst zum Spannen für das Faltboot", sagt Reiner Kaiser. „Wenn die Luft rein war, gab Walter den verabredeten Eulenruf. Dann schleppte ich die Säcke hinterher."

Das *Pouch*-Faltboot hatte Freund Walter Dittrich bei „Sport-Balgé-Rostock" gekauft. Als er dafür den Ausweis vorlegen musste und registriert wurde, stieg ihm das Blut in den Kopf.

„Am Montag und Mittwoch vor Ostern buddelten wir die Säcke im Darßwald ein. Und Karfreitag sind wir abgehauen. Am 27. März 1964 war das. Da lag noch Schnee im Wald", erzählt Reiner Kaiser. Zu Hause hatten die beiden Jungen gesagt, sie würden zum Polterabend des Freundes Putti, Hartmut Dobecki, gehen. Doch die Tasche war schon gepackt und enthielt persönliche Papiere, eine Flasche Wasser, ein Stück Brot und Speck, einen Rasierer und Silvesterknaller, um sich eventuell damit bemerkbar zu machen, außerdem zwei Schwimmwesten, die vom Motorschiff „Heidi" stammten. „Die habe ich", so Reiner Kaiser, „nachts aus der Bootskiste von Deck geklaut. Ich wusste ja, wo sie lagen, bin 1961 bei Emil Messerschmidt auf seinem Motorschiff ‚Heidi' gefahren."

Die Familie Dittrich war 1946 aus Aussig im Sudetenland, heute Ústi nad Labem, nach Born gekommen. Walter Dittrich, Jahrgang

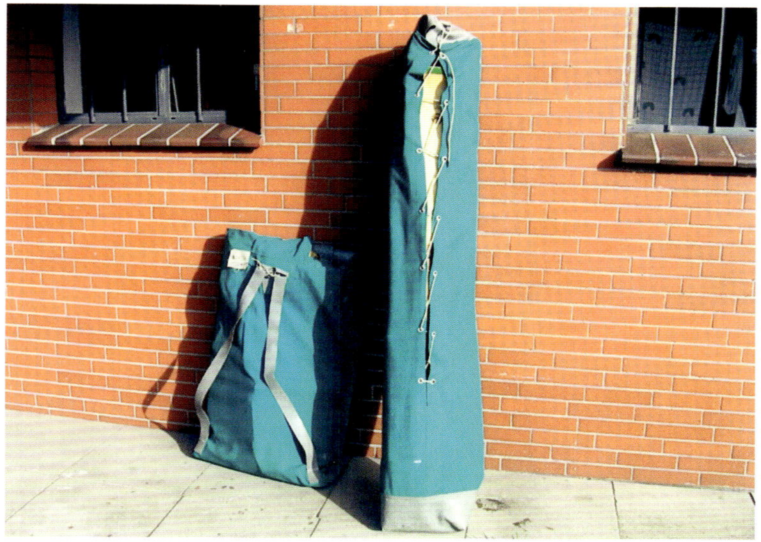

Das Pouch-Faltboot, mit dem die beiden Darßer flüchteten, verpackt und zerlegt (Fotos: Walter Dittrich)

1943, hatte auf der Maschinen-Traktoren-Station im pommerschen Langenhanshagen eine Traktoristenlehre begonnen. Die entsprach aber nicht seinem Wunsch. Er wollte Autoschlosser und dann Kraftfahrer werden.

Walter spazierte oft am Weststrand des Darßes entlang, erlebte dort eine befreiende Weite, die er sich auch sonst wünschte. Was er dort fand, war für ihn das „Fenster zur Welt", denn das Meer spülte Dinge an den Strand, die er noch nie gesehen hatte. Der erst 17-Jährige machte sich nach West-Berlin auf und passierte die Grenze mit der S-Bahn. Die Mutter drängte ihn, dass er zurückkommen sollte. Bei der Rückkehr würde er straffrei ausgehen. Doch das war nicht der Fall. Walter wurde zu Hause von der Polizei abgeholt. „Am 23. März 1961 landete ich im Jugendwerkhof in Letschin, im Oderbruch, musste losen Zement aus Waggons schaufeln, Dünger mit der bloßen Hand auf die Felder streuen, schuften wie ein Ackergaul", erzählt Walter Dittrich. „Die Vorgesetzten haben uns willkürlich schikaniert." Mutter Marie erhob Einspruch. Am 21. April wurde Walter ohne Ausweis entlassen. Das Erlebte hatte ihn bestärkt, noch einmal die Flucht zu versuchen.

Reiner Kaiser wurde im Mai 1945 in Born als außereheliches Kind geboren, war Sohn eines Wehrmachtssoldaten aus dem sächsischen Roßwein, der als Elektriker in Hermann Görings Jagdhaus am Weststrand des Darßes arbeitete. Als der eigentliche Familienvater aus der Gefangenschaft zurückkam, war Reiner da, das nicht von ihm stammende Kind. Der Heimkehrer schmiss seine Ehefrau samt den vier Kindern aus dem Haus. Der Erstgeborene Jürgen war bereits 1944 ums Leben gekommen, im eisigen Bodden ertrunken.

„Wir sind wie die Vögel durchs Dorf geflattert, wohnten mal hier, mal dort zur Miete." Als Reiners Oma Hedwig 1957 starb, zog er zum blinden Opa Max Kaiser. Reiner ging acht Klassen in Born zur Schule, zwei weitere Jahre in Wustrow auf dem Fischland. Die in Barth begonnene Schlosserlehre brach er 1962 ab und wechselte zum VEB See- und Hafenbau, der in Warnemünde die Fähranlage schuf. „Dann kam abends die dänische Fähre von Gedser. Da habe ich das erste Mal mit dem Gedanken gespielt, die DDR zu verlassen." Als Montagearbeiter arbeitete er in Henningsdorf, um eine große Kläranlage zu errichten. „Ich malochte täglich 10 bis 12 Stunden in Schichten, verdiente gutes Geld. Die Überstunden machte ich, um Ostern frei zu haben."

„Willst Du mit?", hatte Walter eines Tages gefragt. Reiner wollte.

Am Karfreitag blies der Wind vier bis fünf von Norden. Hansi Dittrich wunderte sich über die Gummistiefel, die sein Bruder zum Polterabend anzog.

Abends gegen 20 Uhr machten sich die Freunde mit dem Fahrrad auf den Weg. Groß und gespenstisch lag der Darßwald vor ihnen. Die Angst fuhr mit. Wem konnten sie unterwegs begegnen? Wer konnte von ihren Plänen wissen? Der Borner Uwe Wilschky wusste davon. Ihn hatte Walter zuerst gefragt, ob er mitkommen wollte. Er hat die Freunde nicht verraten.

Nur einmal hatte Walter das Boot zur Übung im Hof aufgebaut. Plötzlich guckte die Nachbarin über den Zaun und rief: „He, Walter, dormit is ok schon so mancher na den Westen afhaut." Da hörte er seinen Herzschlag. Daraufhin versteckte er das wieder zusammengelegte Boot auf dem Hausboden.

1964, kurz vor der Flucht, wurde Walter Dittrich am Weststrand aufgegriffen, weil er sich nicht ausweisen konnte. Der „Grenzer" rief bei der 6. Grenzbrigade Küste in Ahrenshoop an, wo der Borner Klaus Karrasch als Meister in der 7. Kompanie seinen Dienst tat. Er stammte aus dem ostpreußischen Ort Gerdauen, südlich von Insterburg.

Klaus Karrasch brachte Walter Dittrich nach Hause, zum Dank lud der ihn ins Gasthaus „Waldschenke" ein. Beiläufig erfuhr der Flucht-

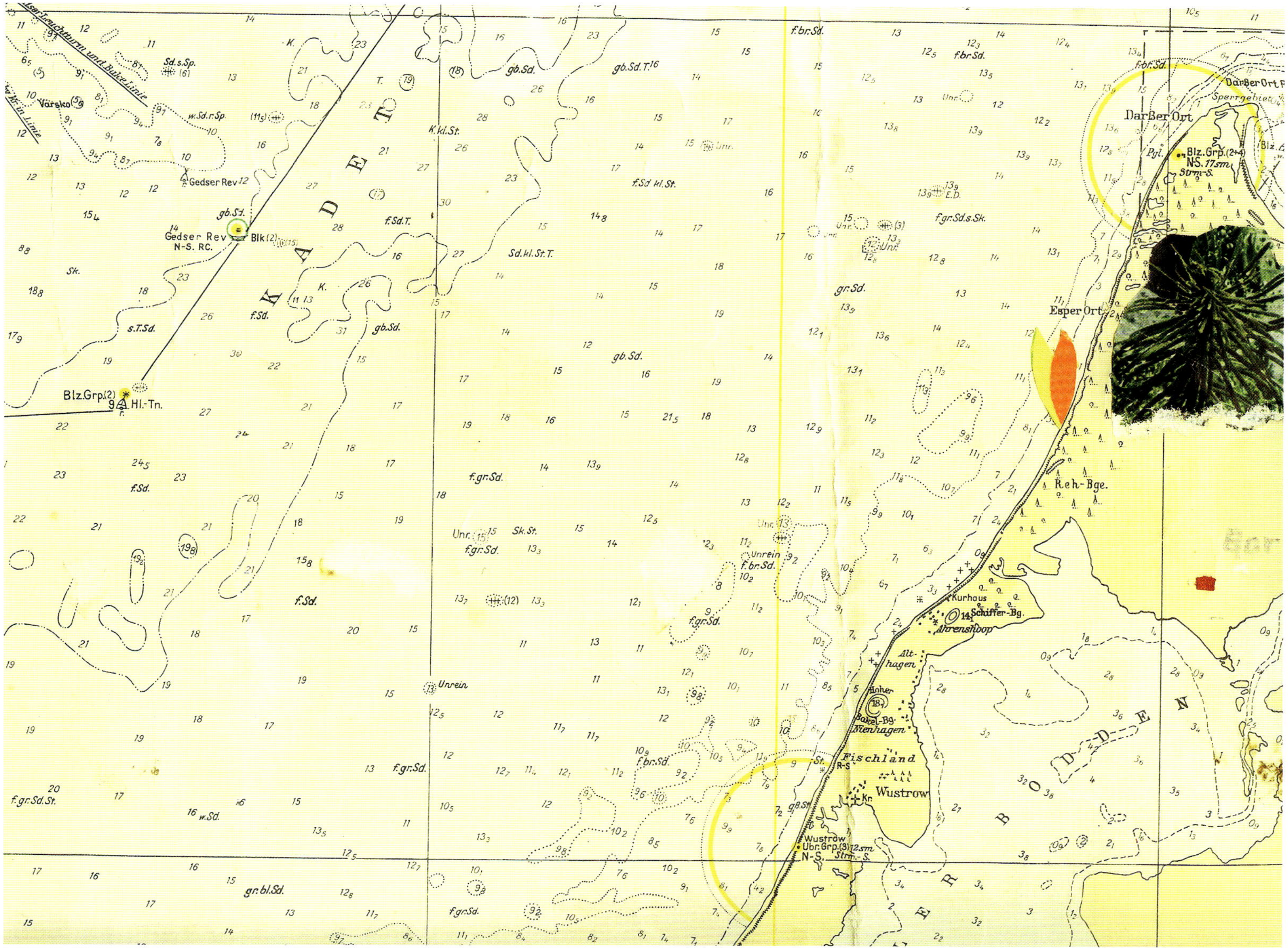

▲ Kartenausschnitt einer alten Seekarte mit KADET-Rinne und Pfeilen, die zu den Rehbergen am Weststrand weisen (Familienbesitz Röll, Born/Darß)

◂ *Reiner Kaiser (links) und Walter Dittrich in Bremen-Lesum im Übergangsheim mit dem Pouch-Faltboot (Foto: Privatbesitz von Walter Dittrich)*

willige, dass ab Mai die Streife verstärkt werden sollte. Also mussten sie vorher weg.

Dittrich prüfte fortan am Strand die Fußspuren im Schnee. Er fand heraus, dass die Patrouille nur am Spülsaum des Meeres und nicht oben auf der Düne lief. So grub er die Höhle für das Boot an den Rehbergen in eine dichte Kiefernschonung, etwa 100 Meter vom Strand entfernt, und deckte sie mit Farnkraut ab. Auf dem geplanten Fluchtweg zum Meer sammelte er alles auf, was knacken konnte – Zweige und Kiefernzapfen.

Kräftig traten die Freunde Karfreitag 1964 in die Pedale. Neun Kilometer lagen vor ihnen. Der Schneematsch war hinderlich, deshalb warfen sie die Räder in den Müllergraben, hasteten weiter, gelangten ungesehen zum Versteck und holten das Boot unter dem Farnkraut hervor. Bereits am Nachmittag hatten sie es aufgebaut. Langsam krochen sie mit dem Boot zum Meer, verharrten immer wieder, horchten auf Geräusche.

Beide Wachtürme am Ufer waren besetzt. Sie sahen die Lichter. Ansonsten war es dunkel. „Und dann ab ins Wasser, erst mal raus", erzählt Reiner.

„Wir orientierten uns an den Lichtscheinen von Ahrenshoop und am Leuchtturm vom Darßer Ort, und als wir aus der Bucht raus waren, am Kompass", ergänzt Walter. Sie saßen auf den unförmigen Schwimmwesten, damit sie besser paddeln konnten. Die Spritzdecke aus Gummihaut hatten sie mit den Metalldruckknöpfen bis zur Gürtellinie zugeknöpft. Es war stockdunkel. „Wir wussten nur, dass weit draußen an der Kadet-Rinne ein Feuerschiff, ein verankerter Leuchtturm, lag." Der Wind nahm zu, die Wellen umspülten das Boot. Es glitt schnell durch das Wasser. „Auf dem Kamm ruhten wir, im Wellental schaufelten wir", sagt Walter, der für das Steuern verantwortlich war. Die Gedanken rasten mit: „Hoffentlich werden wir nicht entdeckt! Auf Republikflucht steht Gefängnis. Die Grenzer dürfen schießen. – Nur nicht kentern!" Nach vier Stunden sahen sie mehrere Schiffe. „Wir kreuzten das internationale Fahrwasser und machten uns erst mit Taschenlampen bemerkbar, als wir am Feuerschiff anlangten."

Auf dem Schiff gingen alle Lampen an, wurde es taghell. Der Wachmann sah die beiden und warf ihnen ein Tau zum Festmachen hinunter, dann die Strickleiter. Sie kletterten hoch. „So früh schon", sagte er zur Begrüßung und meinte damit die noch sehr kalte Jahreszeit. Der alte Kapitän des Feuerschiffs kam hinzu, verschränkte die Arme hinter dem Rücken und meinte ergriffen: „Oh, oh, Ihr spielt mit Läbben." Die erschöpften Darßer, sie hatten mehr als zehn Seemeilen, 18,52 Kilometer, hinter sich, verbrachten die Nacht an Bord. Am Morgen kam aus Gedser ein Versorgungsschiff, eine kleine Barkasse. Sie brachte Post, Proviant und Wasser. Die Besatzung nahm die Jungs mit nach Dänemark. Dort wurden sie von den Behörden getrennt verhört. Sie sollten zugeben, dass sie als Agenten ausgesetzt worden seien, weil es nicht glaubhaft schien, dass sie bereits im März die Flucht gewagt hatten.

Abends fuhren sie mit der Fähre nach Travemünde, von dort nach Lübeck. Der Bundesgrenzschutz kümmerte sich um sie, gab ihnen Unterkunft.

„Erst Ostermontag schickten wir über Bekannte ein Telegramm, dass wir noch leben", erzählt Reiner Kaiser. „Wir kamen erst nach Gießen ins Auffanglager, erhielten einen Pass und einen Flüchtlingsausweis." Doch die Darßer wollten wieder näher an die Küste, zogen nach Bremen. Nach zwei Wochen arbeiteten sie bereits auf einer Werft, bauten Schiffe.

„Ein halbes Jahr später habe ich mich beim Kapitän der ‚Heidi', Emil Messerschmidt, wegen der Schwimmwesten entschuldigt und ihm ein Päckchen geschickt", erinnert sich Reiner Kaiser.

Walter Dittrich lebt noch heute in der Hansestadt Bremen, erkundet jedoch gern Deutschland mit dem Fahrrad. So fuhr er sogar von Bremen bis auf den Darß zu seinem Bruder Hans, der noch im September 1989 mit seiner Familie aus der DDR ausgereist war, aber nach dem Ende der DDR in Prerow auf dem Darß neu startete.

Reiner Kaiser kehrte im Mai 2007 nach Born, in sein Großelternhaus zur Familie seiner Halbschwester, zurück. Heimweh war sein ständiger Begleiter gewesen. In Bremen hatte er die Ostsee-Zeitung abonniert, obwohl er sie immer einen Tag später erhielt. Dadurch war er bestens informiert über seine angestammte Heimat und über den Bootsbauer Nils Rammin, der mit seiner Werft in Barth oft Schlagzeilen machte. Bei diesem bewarb er sich, für ihn arbeitete er und sicherte sich einen Zuverdienst zur Rente. Heute lebt Reiner Kaiser am Stadthafen von Rostock, auf der Holzhalbinsel, nicht weit weg von jenem Strand, an dem seine Sehnsucht in die Ferne begann. Das Feuerschiff liegt mittlerweile im Museumshafen in Helsingör. Seine Besatzungen haben über 50 Flüchtlinge aus der Ostsee geholt.

Epilog

Am 20. Oktober 2007 lud ich die beiden Flüchtlinge und den damaligen Meister der Grenzbrigade Küste, Klaus Karrasch, zu mir ein und las ihnen ihre von mir aufgeschriebene Geschichte vor. Anschließend fuhren wir gemeinsam den Fluchtweg bis zum Strand ab und suchten auf dem Reff, dem Dünenzug, nach dem Ort, an dem Walter Dittrich und Reiner Kaiser das Faltboot einst versteckt hatten. Meer und Wind hatten nach 43 Jahren die Küstenlinie stark verändert. Klaus Karrasch „steuerte" direkt auf die Stelle zu. „Als ich Ostern 1964 aus dem Urlaub kam, erhielt ich den Auftrag, das Versteck ausfindig zu machen und den Punkt, an dem die beiden das Boot zu Wasser gebracht hatten. Ich fand die Grube – etwa 60 Zentimeter tief, 60 breit und zwei Meter lang – auf dem höchsten Reff der Rehberge."

Der Ausflug in die Vergangenheit endete mit einem Picknick unter hohen Kiefern und Meeresblick.

▲ *Holger Becker begleitet Mädchen und Jungen zum Haus von Christa und Günter Saatmann, der bis zu seinem Tode 2014 die Tonnen für das Kinderfest baute.*

Von der Sammelleidenschaft eines Chronisten

Holger Becker, 1955

„Was du ererbt von deinen Vätern hast,
Erwirb es, um es zu besitzen!“

Diese Verszeilen aus Goethes „Faust“ sind ein Leitfaden für Holger Becker. „Mit 13 Jahren bekam ich von meiner Tante zwei Patenbriefe geschenkt, einen von 1840 und einen von 1847. Von nun an begann ich, alles zu sammeln. Hauptsache, es war alt und es hatte was mit Born zu tun“, erklärt der Darßer den Beginn seiner Leidenschaft. „Vom Patenbrief zur Konfirmationsurkunde“ lautete denn auch der Titel einer Ausstellung, die er im Jahr 2001 in seinem Heimatort Born im backsteinernen, ehemaligen Schulhaus zeigte. Holger Becker hatte etliche schmuckvolle Briefe zusammengetragen, gespickt mit einem Geldstück und einer Stahlfeder oder für Mädchen auch mit einer Nähnadel. In Vitrinen und Schaukästen war außerdem zu sehen, was den Schulalltag in Born ab 1859 geprägt hatte. Der Sammler zeigte, wie sich Zeitgeschichte im Detail spiegelt. Mit *„Ansichten und Einsichten zur Borner Postgeschichte“* hatte er bereits 1998 im Borner Sommertheater debütiert und dabei über 100 Postkarten ausgestellt. Eine farbige Lithographie, datiert vom 18. Juli 1898 mit „Witts Hotel“, entstammte der Königlichen Regierungs-Buchdruckerei Stralsund. An den Postkarten wird erkennbar, wie sich das Boddendorf Born verändert hat. Der Chronist weiß zu allen Motiven eine Geschichte, kennt die Erb- und Kauffolge der Gebäude und erzählt am liebsten in plattdeutscher Sprache.

Holger Becker wurde 1955 in Rostock geboren. Normalerweise, etwa bis 1961, kamen die Kinder zu dieser Zeit in Born noch als Hausgeburt zur Welt. „Doch ik wier so‘n komplizierten Fall, har mine Mudder secht.“ Und weil er der einzige Junge auf der Entbindungsstation war und die Schwestern seine schwarzen Locken zum Hahnenkamm frisierten, wurde er „de Hahn im Korf“.

Nach der 10. Klasse lernte er in Vockerode an der Elbe drei Jahre Betriebs-Mess-Steuer- und Regeltechnik. Für 18 Monate wurde er zum Dienst bei der Bereitschaftspolizei in Halle einberufen, die sich in der „Fliederweg-Kaserne“ befand. Danach arbeitete er im Volkseigenen Gut Saatzucht in Barth in seinem Beruf, dann sechs Jahre in

Holger Becker in der von ihm kuratierten Ausstellung zum Thema „Weststrand“ 2020 im Gebäude der ehemaligen Oberförsterei in Born

▲ *Holger Becker in Frack und Zylinder gratuliert dem Fastnachtstonnenkönig 2010 Thomas Völkner vom Fischland*

der im Darßwald gelegenen Jugendherberge Ibenhorst bei Born – als Instrukteur mit vielfältigen Aufgaben. „Beinahe Mädchen für alles." Schließlich, über 30 Jahre und bis zur Rente 2018, war Holger Becker auf dem Campingplatz in Born Zeltplatzleiter beziehungsweise Camp-Chef, wie die Berufsbezeichnung zuletzt lautete.

Sein starkes Heimatgefühl prägten durch Erzählungen alte Dorfbewohner, denen er schon als Kind aufmerksam lauschte. Da hieß es mitunter: „De Oben hett Uhrn." Das hing damit zusammen, dass Kachelöfen oft durch die Wand gebaut wurden und somit gleich zwei Räume wärmten. In der einen Stube wurde er befeuert, die angrenzende erwärmte sich mit. Wenn man ein Ohr an eine Kachel legte, konnte man einiges hören, was nicht für Kinderohren bestimmt war.

Holger Becker besuchte auch Zeitzeugen, die Aussagen über die Geschehnisse im Gasthaus „Borner Hof" während der Nazizeit machen konnten, denn im Frühjahr 1944 beschlagnahmte die SS das Gebäude und richtete im großen Saal ein KZ-Außenlager für eine Meilerei auf dem Darß ein. Dort mussten die aus Neuengamme bei Hamburg und aus Ravensbrück kommenden Häftlinge Holzkohle herstellen, die als Treibstoff für Lastkraftwagen mit Holzvergaser benötigt wurde. Holger Beckers Recherchen bilden eine Grundlage für „Eine regionale Studie", die Pastor Ulrich Kasparick 2019 veröffentlichte: „Der Darß zwischen 1933 und 1945".

Gleich nach seinem 18. Geburtstag trat Holger Becker dem Borner Tonnenbund bei und war fortan ein erfolgreicher Reiter beim Tonnenabschlagen. Damit tat sich ihm ein neues, weites Feld auf. „Das war genau der richtige Zeitpunkt, denn viele der alten Tonnenbrüder lebten noch, die ich befragen konnte." Sie schenkten ihm Vertrauen und seltene Fotos, die er sammelte und mit Informationen aus dem Archiv der Stadt Barth ergänzte.

Wo der Staub von Jahrzehnten liegt, treibt es ihn um, wird er fündig. Seine Erkenntnisse baut er wie Mosaiksteine zu einem Bild zusammen. Das Tonnenabschlagen wurde in Born bereits 1889 ausgetragen und gipfelte 2014 zum 125. Jubiläum mit den Tonnenbünden aus den Nachbarorten in einem rauschenden Fest. Seit 2007 leitet Holger Becker als Vorsitzender die Geschicke des Tonnenbundes. Schon im Jahr 2000 veröffentlichte er eine Broschüre über „Das Borner Tonnenabschlagen", eine illustrierte Rückschau auf über 100 Jahre Tonnenbundgeschichte.

Ohne Holger Becker hätte es auch das erneute Fastnachtstonnenabschlagen nicht gegeben. Eine Annonce im „Barther Wochenblatt" vom 22. Februar 1868 lieferte ihm den ersten schriftlichen Hinweis für ein Tonnenabschlagen mit Ball zur Fastnachtszeit auf dem Darß. Allerdings wurde das Fest damals in Wieck gefeiert. Zusammen mit den Borner Tonnenbrüdern ließ er die Tradition im Februar 1998 wieder aufleben. „Keiner wusste, wie es richtig ging. Doch war es wunderbar bei Frühlingswetter." Der Chronist organisierte auch das traditionelle Kinderfest, dessen Ursprünge auf das Jahr 1840 zurückgehen. Nur während der beiden Weltkriege und zur Zeit der Corona-Krise konnte es nicht durchgeführt werden. Rentner spenden stets hohe Beträge, damit das Fest gelingen kann.

Holger Becker rief auch die „Kulturstraat" ins Leben, um auf Künstler, die zeitweilig in Born lebten, und auf besondere Häuser aufmerksam zu machen. In Zusammenarbeit mit Katharina und Joris Mau entstanden seit 2009 in Folge 29 dunkle Stelen mit eingelassenen Tafeln, worauf entsprechende Fotografien und knappe Texte Wissenswertes vermitteln. Auf der Stele vor dem „Borner Hof" fand sich jedoch bis 2021 kein Hinweis auf das KZ-Außenlager.

Holger Becker lebt dort, wo andere gern Urlaub machen, und kann das 1847 erbaute Elternhaus sein Eigen nennen. Aber die Kapazität seines Bettkastens zum Aufbewahren der gesammelten Schätze ist erschöpft, der Sammeleifer hingegen ungebrochen. Sein Lebensziel ist ein Darß-Archiv, das für jeden zugänglich sein soll.

▲ *Gregor Siems mit Hund Mischa und Katze am behutsam restaurierten Kniestockhaus mit Sägezahnfries auf dem „Hof Walden" in Saal*

Zwischen Hühnerdreck und Papieren auf dem Hof Walden in Saal

Chris Bokemeyer-Siems und Gregor Siems, 1969

In der Bauernreihe von Saal erscheint der Himmel viel höher als anderswo. „Achtung Kinder viele!“ steht untereinander auf der Tafel an einem Gehöft. Zu beiden Seiten der schmalen Straße wogt goldgelber Weizen im Sonnenlicht. In den Asphalt sind mehrere Streifen Kopfsteinpflaster eingefügt. „Die heißen im Volksmund tote Polizisten“, sagt Chris Bokemeyer-Siems. „Bei uns liegt kein toter Polizist auf der Straße, aber unser Hund Mischa, zu dem sich manchmal die Hühner gesellen. Die sich nicht an den Zaun halten, sind die schlauesten“, ergänzt Gregor Siems. Er greift hier und da ein Huhn und setzt es zu den anderen in den Rotklee. Das Ehepaar betreibt Landwirtschaft, hält inzwischen 500 Hühner, im Sommer und Herbst 200 Gänse. „Wir wachsen nach unseren Möglichkeiten“, bemerkt die Landwirtin. Sie bewirtschaftet derzeit gut 100 Hektar, 24 davon liegen direkt am Haus. Während sie das sagt, kräht einer der elf Hähne, der Hund wedelt zufrieden mit dem Schwanz. Vom Hof blickt man am Haus vorbei nach Norden auf die Felder bis zum Saaler Bach und nach Süden bis zum Hessenburger Holz.

Das behutsam restaurierte Kniestockhaus wurde 1872 gebaut, in jenem Jahr, als auf dem Darß und Zingst die große Sturmflut wütete. Die Jahreszahl verdeckt oben in der Ulenflucht ein Widderkopf, der von zwei Schaufeln des Damwildes flankiert ist. Stockrosen reichen über den Sägezahnfries bis an den Frontispiz hinauf. Auf dem Dach befindet sich Solartechnik für die eigene Stromversorgung. Als Chris Bokemeyer das Haus 1996 übernahm, war es eine Ruine. Sie lernte und studierte Landwirtschaft, wechselte zur Biologie und schloss mit dem Diplom ab. Nach dem Studium der Mineralogie mit Diplom siedelte drei Jahre später auch Gregor Siems von Berlin endgültig nach Saal über.

Ihr gemeinsames Anwesen nennen sie „Hof Walden“ – nach Henry David Thoreau. „Er hat eine Zeit lang nur von der Hände Arbeit gelebt, wie man in seinem Buch ‚Walden‘ nachlesen kann“, weiß Chris Bokemeyer-Siems. Thoreau baute sich eine Blockhütte an einem Waldsee. „Ihm ging es um die Verantwortung des Einzelnen, man sollte dem Staat dienen mit seinem Gewissen“, fügt Gregor hinzu. Thoreau, ame-

Der Wegweiser zur abgelegenen Bauernreihe in Saal

rikanischer Schriftsteller und Philosoph aus der kleinen Stadt Concord in Massachusetts, lebte von 1817 bis 1862. Er gilt als Vater der Naturschutz- und Wildnisbewegung in den USA. Schon vor mehr als 150 Jahren schrieb er: „Jede größere Stadt sollte Wildnis vor ihren Toren haben, damit sich die wundgescheuerten Seelen dort wieder etwas gesundbaden können."

20 Jahre arbeitete Chris Bokemeyer in der Umweltbildung des Nationalparkamtes Vorpommersche Boddenlandschaft in Born und setzte dabei mit ihrer Kollegin Ulrike Rentz, gleichfalls Biologin, schöpferisch Ideen um. Sie zeigten Kindern und Jugendlichen die langsam wachsende Wildnis, erklärten Zusammenhänge, weckten das Gefühl für die Natur und teilten beglückende Erlebnisse. Als „Rebok" gingen sie in die Nationalparkgeschichte ein. Doch für beide gab es keine Perspektive, denn es wurde ihnen jeweils nur eine halbe Stelle angeboten, und sie sahen keine Chance zur Weiterentwicklung.

Chris und Gregor bauten die „Löwenzahnschule" für Grundschüler in Damgarten auf, die sie 2006 eröffneten. „Hof Walden" gibt es seit 2012, zunächst bewirtschafteten sie ihn im Nebenerwerb. Seitdem Chris Bokemeyer-Siems im Mai 2015 aus dem Nationalparkamt ausgeschieden ist, betreibt sie die landwirtschaftliche Arbeit im Vollerwerb.

Mit dem „Hof Walden" sind die vier Kinder gewachsen, „die mehr oder weniger freiwillig helfen": Alwin, Ruppert, Merle und Edgar. Sie kamen im Abstand von zwei Jahren auf die Welt.

„Als Kind wollte ich nie Hühner füttern und Eier suchen, aber gerade das war meine Aufgabe. Jetzt ist es mein Beruf", sagt Chris. Das Federvieh führt in zwei Mobilställen ein gesundes Leben. Alle 14 Tage werden die Wagen verschoben, so dass immer frisches Grün nachwachsen kann. Die Legehennen fressen zudem Bio-Kraftfutter aus Weizen, Ackerbohnen, Sonnenblumenkuchen und Mais. „Wir subventionieren den Habicht durch unsere Hühner. Wöchentlich holt er sich eins, wenn die Hähne ihn nicht vertreiben. Dann laufen die Hühner unter die Ställe."

Gregor, immer den Humor dabei, erzählt: „Wir haben wesentlich mehr Papiere als Stallfläche. Wir könnten mit unseren Kontrollberichten – Formulare und Anträge – mehrfach die Ställe tapezieren." – „Wir wirtschaften", ergänzt seine Frau, „nach Bioland-Richtlinien, haben einen großen regionalen und eigenen Anteil im Futter." Sie kaufen Biolandhennen zu einem hohen Preis. „Darin enthalten ist pro Henne ein ‚Küken-Groschen'." Das sei nicht viel, unterstütze aber die Mast der Bruderhähnchen, „damit sie nicht geschreddert werden", sie am Leben bleiben.

Die Familie erntet auch Winterweizen. „Wenn wir Glück haben, wird es Backweizenqualität." Und sie baut Ackerbohnen an, um den Eiweißanteil für das Futter zu erhöhen. Im Herbst beginnt die Kartoffelernte: Blaue Anneliese, Red Emmalie, die mehlige Adretta, die

◂ *Gregor Siems mit dem Gold der Erde in seinen Händen – Weizen*

▲ *Chris Bokemeyer-Siems, oben zweite von rechts, anlässlich einer Chorprobe mit ihren „Matronkas" in der Kirche zu Lüdershagen*

frühe Rosara und die späte Linda. Eier und Kartoffeln werden jenseits des Boddens auf dem Darß in Wieck, in „Annes Fruchtinsel" in Ribnitz und im eigenen Hofladen verkauft, der jeden Freitag geöffnet ist. Zum Martinstag am 11. November sind die Gänse schlachtreif. Dann gibt es auf „Hof Walden" einen Gänsemarkt.

Zwischen der landwirtschaftlichen Arbeit baute der Tüftler Gregor Siems Kleinkläranlagen und Dränagen, nun hat er sich Solaranlagen verschrieben. Während Chris ihren feurigen Chor „Matronkas" in roten Gewändern leitet, malt und zeichnet er phantasievolle Wimmelbilder, die auch Suchbilder heißen. „Alles vom Leben inspiriert."

An einem ungewöhnlich warmen Tag im Februar 2021 schickte die Landwirtin Frühlingsgrüße über den Bodden zu mir nach Wieck: „Die Lerchen singen, und die Kraniche sind jetzt schon mit Doppelruf am Hof … Wenn ich bedenke, dass diese Vögel 60 Jahre alt werden können und sich vielleicht jedes Jahr den Hof ansehen … das rührt mich zutiefst."

▲ *Die Gartenlaube der Eltern, zeitweilige Schmuckwerkstatt von Jana Vagt*

Leben wäre eine schöne Alternative!

▸ Jana Vagt, 1970

Ihre Werkstatt war eine Laube mitten im paradiesischen Garten ihrer Eltern, der die Familie mit Gemüse und Obst ernährt. Dort laufen Araucana-Hühner, krähen Hähne, versprühen Lavendel und Rosen im Sommer ihren Duft. Stockrosen beleben in allen Farben das Bild. Im Winter blüht der gelbe Jasmin. Der Wind zaust die knorrigen Äste eines alten Apfelbaums, den Jana Vagt im Wandel der Jahreszeiten durch die historischen Fenster der kleinen Gartenlaube erleben konnte, die zeitweilig ihre Schmuckwerkstatt war. Als ich sie im Jahr 2014 besuchte, saß sie an ihrem Arbeitstisch und lötete eine Fassung für ein Stück Glas, das die See geschliffen hatte. „Ich bin glücklich und dankbar, dass es mir gelungen ist, 20 Jahre selbständig zu arbeiten", sagte sie und schaute zufrieden auf.

Alles selbst machen und das ständig, das war ihr Leitmotiv. Sie begann in Berlin am Prenzlauer Berg in einem Blumenladen, in dem die Floristin und Freundin Sabine Strauch wunderbare Gestecke zauberte. „Ich habe dazu meinen Schmuck präsentiert. Die Kunden mussten oft warten, wenn sie sich Blumen binden ließen, zwischendurch haben sie bei mir geschaut. Das war eine gute Verbindung."

Während sie eine Fassung für einen Stein formte, erzählte sie von ihrem Glück. „Dinge, die man im Herzen trägt, erfüllen sich manchmal."

Nach Abschluss der 10. Klasse in Wustrow lernte Jana zweieinhalb Jahre Goldschmiedin im Volkseigenen Betrieb, VEB, Ostseeschmuck in Ribnitz-Damgarten bei den Lehrausbildern Jutta Hauer und Klaus Lewerenz. „Da habe ich herausgefunden, dass ich schnell und gut arbeiten kann." Zeitgleich bewarb sie sich an der Fachhochschule für Angewandte Kunst in Heiligendamm. Durch die politische Wende 1989 verkürzte sich die übliche Wartezeit von zwei Jahren. Jana durfte bereits im September 1990 mit dem Studium beginnen.

Schon als Schülerin hatte sie beim Maler Ulrich Gravenhorst in Wustrow gezeichnet. Deshalb konnte sie zur Bewerbung eine Mappe mit Stillleben und Portraits vorlegen. In Heiligendamm studierte sie vier Jahre Schmuckdesign. Ästhetik lehrte Professor Dr. Joachim Skerl, der auch Reisen nach Italien und Frankreich zu den Stätten der Kulturgeschichte organisierte und Gestaltungsregeln vermittelte. Skerls Leitspruch: „Die Kreativität besteht darin, das Eigene herauszufinden." Jana fand es heraus. Sie ließ sich von den Dingen anregen, die in der Natur vor ihren Füßen lagen. Steine am Strand, Glas vornehmlich, selten Bernstein.

Jana Vagt stellte ihre Schmuckstücke in einer Vitrine in der Kunstscheune Barnstorf aus, sie fuhr auf Märkte und gestaltete ihren Stand mit Blumen, legte die Unikate auf Seesand.

In einem historischen Druckerschrank bewahrte sie Kostbarkeiten auf, Edelsteine wie Smaragd, Feueropal und Turmalin. Im alten Holztisch, der zur Vitrine umgebaut wurde, lagen edle Schmuckstücke: Armbänder mit Aventurin in Grün, Ohrringe aus Silber mit Lapislazuli, weißes Seeglas mit einem filigranen Lebenskreis, die Öffnung für die Aufhängung mit einem Diamantbohrer geschaffen.

In ihrer Werkstatt blühte auf einer hohen Vitrine die hübsche Beloperone, ein weißer Zimmerhopfen. Der stammte noch aus der Berliner Zeit, als sie hochschwanger gewesen war und auf einem Ringriegel Stücke klopfte. „Ole", den sie kurz danach zur Welt brachte, „hat das Hämmern gehört. Deshalb spielt er wohl so gut Schlagzeug.

▲ *Jana Vagt lötet eine Fassung für ein Seeglas.*

Und Klavier wie mein jüngster Sohn Arne." Zum 125. Geburtstag der Journalistin und Schriftstellerin Käthe Miethe brachte Cornelia Crohn, Lehrerin und Buchautorin, frei nach Motiven des Buches „Die Flut" ein Theaterstück in der Ahrenshooper „Fischerwiege" auf die Bühne. Arne spielte überzeugend den Claas, Sohn des Kapitäns Voß. Jana hatte die Vorbereitungen noch miterlebt.

Es gibt ein Lied mit ihrem Namen: „Come on, come on, Jana" – ein Starter-Kanon zu drei Stimmen, der müde Stimmbänder in Bewegung setzt. Der Fischländer Chor, dem Jana Vagt angehörte, singt ihn mitunter vor den Proben zur Einstimmung und speziell sang er ihn für Jana, als sie am 18. Dezember 2014 in Wustrow ihr 20. Jubiläum feierte.

Als der VEB Ostseeschmuck wegen der Schließung „das gesamte Inventar loswerden wollte", war das ein Glücksfall für Jana Vagt. Schmiedetisch, Poliermotor, Ständerbohrmaschine und Kleinwerkzeuge wie Vogelzange, Kugelpunsen und Kugelanke zum Formen von Silber und Gold konnte sie günstig erwerben. „Ich hätte mir nie eine eigene Werkstatt leisten können." Im Herbst 2014 verlegte Jana ihren Lebensmittelpunkt nach Ribnitz, wo sie sich in der Langen Straße 37 eine kleine Winterwerkstatt eingerichtet hatte. Dort wohnte sie auch mit ihrem Ehemann Björn Bode. Den Zimmermann und Diakon hatte sie über ihre Söhne in der evangelischen Jugendfreizeit kennengelernt. Als das Paar im März 2014 heiratete, trug Jana einen Brautkranz aus Blausternen mit einer orangefarbigen Ranunkel. Der Fischländer Chor sang. Jana war eine Frohnatur. Sie sang und tanzte gern, ging wohlwollend mit ihren Mitmenschen um.

Doch das Glück sollte nicht lange dauern. Schon als ihr Vater 2012 den ersten Schlaganfall erlitten hatte, wohnte in Jana Vagt ein unruhiger Geist. Im Mai 2017 erhielt sie die Diagnose Gebärmutterhalskrebs. Jana fürchtete sich vor der klassischen Schulmedizin, vertraute ihr nicht und versuchte, alternative Heilangebote zu nutzen. Sie flog sogar nach Brasilien in ein Heilzentrum. Von dort kam sie mit einer Thrombose zurück. Sie war vom Kurzzeitfasten 48 Stunden vor und 24 Stunden nach der Chemotherapie überzeugt. Während der Chemotherapie in einer Potsdamer Klinik wurde sie von ihrer Freundin Kathrin gepflegt. Danach ließ sie sich in Havelhöhe in einer anthroposophischen Klinik behandeln. Dann lag Jana im Elternhaus in einem kleinen Zimmer, von ihrer Mutter umsorgt. Freundinnen besuchten sie. Von mir wünschte sie sich Duftlilien und reinen Waldheidelbeersaft. Sie bekam beides, dazu ein Mütze aus Cashmere in ihrer Lieblingsfarbe Altrosa. Jana freute sich, aber bei einem Besuch sagte sie: „Mir war alles zu viel." Die Lilien blühten wunderbar auf, sie dufteten streng, sodass sie in den Wintergarten gestellt werden mussten. Jana wurde immer zarter und kraftloser.

Im Januar 2018 kehrte sie nach Havelhöhe zurück. Heilung war nicht mehr möglich. Die Familie und Freunde besuchten sie auch dort. Am frühen Morgen des 26. Januar starb Jana Vagt. Ihr Mann war bei ihr. In der Danksagung für die Trauerbekundungen stand ein Gedicht, das Janas Mutter ausgesucht hatte:

Keine Blume ziert die Stelle
und kein Hügel deckt den Ort
nur des Meeres ewige Welle
ziehet ruhig darüber fort.

▲ *Wiesenbläulingspaar auf Hornklee (Foto: Hartmut Sporns)*

Positive Brüche

Hartmut Sporns, 1951

„Von Wustrow in den Nationalpark – 25 Jahre“ war die Ausstellung im Fischlandhaus 2015 überschrieben. Hartmut Sporns zeigte Fotografien von Landschaften, Details aus Flora und Fauna und lud mit seinen Bildern zu einer Wanderung ein: über das Fischland, den Darß, in den Nationalpark, zum Zingst und zur Insel Hiddensee. „Der Titel soll nicht nur an meinen eigenen Weg erinnern“, sagte der Diplomingenieur für Melioration mit frühen Neigungen zur Vogelkunde, Botanik und Fotografie. Der gebürtige Schweriner lebt seit 1975 mit seiner Familie in Wustrow und war von 1990 bis 1995 als Aufbauleiter des Nationalparks Vorpommersche Boddenlandschaft tätig. Hartmut Sporns hielt dem anfänglichen Druck vieler Gegner stand. Als Landschaftsoberrat engagierte er sich seit 1996 bis zur Rente 2015 im Nationalparkamt Born für das Großschutzgebiet, das 805 Quadratkilometer umfasst.

Sachkenntnis, gepaart mit dem ästhetischen Blick für das Romantische und Wilde, ließ den Rundgang in der Ausstellung zu einem Naturerlebnis werden. Ein Foto zeigte den „Fischlandblick über den Permin“, wie man ihn im sonnigen Abendlicht erleben kann, wenn man sich von Westen der Wustrower Kirche nähert. „Die Rinderweide auf Fischlandwiesen“ konzentriert sich zwar auf die schwarz-weißen Tiere im Butterblumenmeer, dahinter leuchten jedoch auch weiße Segel und die Bauerngehöfte von Barnstorf, angelegt wie kuschlige Nester.

Hartmut Sporns in seiner Ausstellung 2015 im Fischlandhaus (oben) und sein Foto, das Rinder auf Fischlandwiesen und Barnstorf zeigt

▲ *Hartmut Sporns am Boddenufer von Wieck*

Was schon aus der Ferne majestätisch oder lieblich erscheint, fokussiert Hartmut Sporns gern, zeigt es in Nahaufnahme. Etwa die Salzmiere an geschützten Stränden, den Meerstranddreizack am salzigen Boddenufer bei Barnstorf, den Erdbeerklee oder die hübschen Schmetterlingsbläulinge auf Hornkleeblüten. Die Natur gibt hier die Farben für Modeschöpfer vor. Hartmut Sporns hat immer den Naturschutz im Blick: „Zelten in Dünen, Ende für Tausendgüldenkraut in Sicht", betitelte er ein Bild aus dem Jahr 2012 mit dem seltenen Strand-Tausendgüldenkraut, das stark gefährdet ist.

„Nach dem Schriftsteller Uwe Johnson", so Sporns, „ist das Fischland das schönste Land in der Welt. Der Darßer Weststrand ist vom Sender arte zu einem der schönsten Strände der Welt gekürt worden." Das zeigen auch die Bilder mit den „tanzenden Buchen" und Bäumen, die sich vergeblich gegen die Entwurzelung durch Meer und Wind wehren. Zu allen Fotos weiß Hartmut Sporns eine Geschichte aus eigenem Erleben zu erzählen.

Woher kam die Leidenschaft des Meliorationsingenieurs für den Nationalpark? Geboren wurde er im April 1951 im kleinen Dorf Warnitz bei Schwerin. Die Eltern waren Lehrer, die Mutter für Deutsch und Musik, der Vater für Biologie und Chemie. Der Vater betätigte sich auch als Vogelkundler. Von ihm bekam Hartmut 1962 das Buch „Die Vögel in Haus, Hof und Garten" geschenkt, drei Jahre später „Die Vögel an Strand und Watt", beide erschienen im Neumann Verlag, Radebeul und Berlin. Durch die Vogelkunde gelangte der wissbegierige Junge zum Naturschutz, nahm an ornithologischen Ausflügen auf den Darß teil, die eine Fachgruppe des Kulturbundes Schwerin organisierte. Gleich nach dem Abitur studierte Hartmut Sporns an der Universität Rostock Melioration. Eigentlich hätte er gern Biologie studiert oder wäre Förster geworden, doch dazu brauchte man damals nicht nur gute, sondern sehr gute Schulnoten. „Melioration, darunter ist so vieles zu verstehen. Melior kommt aus dem Lateinischen, es ist die zweite Steigerung des Wortes bonus. Also, bonus – melior – optimus, was gut – besser – am besten bedeutet. Die Melioration sollte der Verbesserung der Bodenfruchtbarkeit mittels Entwässerung, Bewässerung und Flurholzanbau dienen."

Mit der Gründung des Volkseigenen Gutes Zingst-Darß am 1. Januar 1964 unter der Leitung von Herbert Malzahn begann die intensive Tier- und Pflanzenproduktion, in deren Folge sich das Landschaftsbild enorm veränderte. Die industrielle Wirtschaft ließ keinen Raum für Artenvielfalt. Durch den Einzug der Entwässerungsgräben, die zum Bodden führten und heute noch vorhanden sind, gingen bei Born große Heideflächen mit Wachholder und Wildrosen verloren. Zerstört wurde „ein Paradiesgarten", so die Borner Augenzeugin Käthe Mester. Hartmut Sporns war zu dieser Zeit noch nicht einmal 13 Jahre alt.

Zum Fachgebiet an der Universität gehörten für den Studenten Hartmut Sporns auch Boden- und Vegetationskunde. „Da lag mein Hauptinteresse. Da lernte ich die Spezialisten für Botanik kennen und kam meinem eigentlichen Berufswunsch näher." Er schrieb seine

▸ *Das Eingangsschild zum Nationalpark am Darßwald in Richtung Born*

Diplomarbeit über das Recknitztal mit seinen Feuchtwiesen auf der Talsohle, mit den verschiedenen Moorarten und Trockenhängen.

Als Ingenieur im VEG Zingst war er verantwortlich, die Wiesen vom Darß bis Markgrafenheide zu erschließen. Nahe dem mittlerweile zu Rostock zählenden Ostseebad hat sich bis heute der Heilige See, ein Dünensee im Naturschutzgebiet, erhalten.

Hartmut Sporns arbeitete auch als Dünenmeister für den Bereich von Graal-Müritz Ost bis zum Darßer Ort, war als Bauleiter für den Küstenschutz tätig. Dabei ging es um Buhnenaufbau, Strandaufspülungen und Deichbau. Unter seiner Leitung entstand der Seedeich von der Straminke in Zingst bis zum Osterwald. Sein Vorschlag, den Ostzingst nicht weiter einzudeichen, wurde nicht umgesetzt.

Als zum Ende der DDR die Gründung des Nationalparks in Sicht kam, bewarb sich Hartmut Sporns als Aufbauleiter – und wurde angenommen. Er gründete in Ribnitz die Grüne Partei, um am Runden Tisch mitwirken zu können, und rief am 30. Juni 1990 in der Ahrenshooper Kirche den Förderverein Nationalpark Boddenlandschaft ins Leben, noch bevor der Nationalpark per Gesetz fest verankert war. Federführend war er an der Schrift „Nationalpark Küstenlandschaft" beteiligt, die an alle Haushalte ging. Schon im Februar 1990 hatte sich eine fünfköpfige „Initiativgruppe für die Entwicklung des Nationalparks beim Rat des Kreises Ribnitz-Damgarten" zusammengefunden. Die Bürger wurden über das konsequente Naturschutzprojekt unterrichtet und zugleich gebeten, Anregungen, Hinweise und Kritik zu übermitteln.

Kritik gab es genug, auch zahlreiche unsachliche und harsche Rhetorik. Eine „Initiativgruppe zur Erhaltung der heimatlichen Natur und Kultur Darß-Zingst" agierte konträr zum selbsterwählten Namen und erschwerte den Aufbau des Nationalparks. Trotzdem: Der Ministerrat der DDR beschloss am 12. September 1990 die Unterschutzstellung von 14 großflächigen Landschaften zwischen der Ostsee und der Sächsischen Schweiz, darunter die ersten fünf Nationalparks. Der Einigungsvertrag vom 20. September sicherte die Gültigkeit des Nationalparks auch im vereinten Deutschland. Doch der Schutzstatus sorgte weiterhin vor Ort für viel Streit. Unvergessen bleibt der mutige Kernsatz des damaligen Umweltministers von Mecklenburg-Vorpommern, Frieder Jelen: „Der Nationalpark bleibt." Unvergessen bleiben auch Machenschaften der Gegner. So beschädigten sie das von Wolfgang Sohn gestaltete Schild „Nehmt Rücksicht!" mit Wildschwein, Hirsch, Reh und Igel im Freesenbruch bei Zingst und zersägten das vom Holzgestalter Martin Herrmann entworfene Eingangsschild zum Nationalpark am Darßwald in Richtung Born.

Die promovierten Wissenschaftler und Enthusiasten Michael Succow, Lebrecht Jeschke, Hans Dieter Knapp und Mathias Freude gingen als Wegbereiter für die ostdeutschen Nationalparks in die Geschichte ein. Am 1. November 1990 startete ein siebenköpfiger Aufbaustab unter der Leitung von Hartmut Sporns und dem promovierten wissenschaftlichen Mitarbeiter Helmut Kühne, mit dem versierten Verwaltungsleiter Winfried Wilke und weiteren vier fest angestellten Mitarbeitern, den Nationalpark Vorpommersche Boddenlandschaft vor Ort aufzubauen. Sie begannen, gewaltige Altlasten zu beseitigen. Der Zingster Stefan Beese war als Bereichsleiter für den Gebietsschutz und für den Vollzug der Nationalparkverordnung verantwortlich. Die ruinösen Anlagen vom Volkseigenen Gut mit dem Industriekomplex des Grünfuttertrockenwerkes auf dem Ostzingst mussten beräumt werden und vor allem die im Nationalpark gelegenen Militärobjekte: der Marinestützpunkt Darßer Ort, einschließlich der dortigen Bungalowsiedlungen, die Grenzkompanie Prerow, Stützpunkte der Luftverteidigung, der Marine und Grenzbrigade Küste in Barhöft, der Stützpunkt des Ministeriums für Staatssicherheit beziehungsweise des Amtes für Nationale Sicherheit auf dem Bock, der Grenzstützpunkt auf dem Dornbusch/Insel Hiddensee. Passionierte und kompetente Naturschützer kamen zusammen und leisteten Großartiges für den Nationalpark. Es gab viel zu reparieren und ein Stück Erde zu heilen. Wer heute die genannten Gebiete durchwandert, kann sich kaum vorstellen, wie es hier einmal ausgesehen hat.

Mit der politischen Wende waren drei Jahrzehnte Arbeitsleben des Landforstmeisters Waldemar Martens in Born beendet. Das ab 1972 für die Staatliche Jagdwirtschaft inmitten des Darßwaldes erbaute Verwaltungsgebäude wurde vom Kleinmief im Gästetrakt befreit und beherbergte nun unter einem Dach Forst- und Nationalparkamt. Das war eine erneute Herausforderung, die von beiden Seiten gemeistert werden sollte: Forst*wirtschaft* und Natur*schutz*.

Junge Absolventen wie der Diplomingenieur für Landschaftsplanung Jörg Schmiedel brachten ihr frisches Wissen und ihre Ideen mit. Hartmut Sporns setzte sich auch für die Umweltbildungsarbeit ein und fand mit den beiden Diplombiologinnen Chris Bokemeyer-Siems und Ulrike Rentz, kurz „Rebok“, hilfreiche Partner.

Am 1. Januar 1996 wurde die Verwaltung des Nationalparks mit dem Forstamt Born zum Nationalparkamt Vorpommersche Boddenlandschaft zusammengelegt. Es war zugleich untere Naturschutz- und untere Forstbehörde. Der damalige Minister für Landwirtschaft und Naturschutz Mecklenburg-Vorpommern, Martin Brick, setzte den Diplomforstwirt Siegfried Brosowski als Leiter ein. Hartmut Sporns agierte fortan als Stellvertreter.

„Geschafft – mit einigem Streit sachlicher Art“, resümiert der Vollbärtige heute. „Es hat sich gelohnt, dass wir durchgehalten haben.“ Doch vor allem wegen des Massentourismus sind immer noch große Aufgaben zu bewältigen. Der Konflikt um das Regenbogencamp in Prerow, das zur Gemarkung Born gehört, ist noch nicht gelöst. In den Dünen befinden sich Stellplätze für große Wohnwagen, dort, wo in der DDR zumeist nur einfache Zelte standen. Die Camper grenzen mit Plastik und anderen Materialien ihren Bereich sichtbar ab, bauen sogar Stufen in die Dünen. Nirgends sonst ist der Himmel so hoch, und nirgendwo in Deutschland ist das erlaubt. Die Dünen, geschützte Naturbereiche, werden zerstört. Der Ostzingst wiederum müsste ausgedeicht werden, um natürliches Boddengrünland zu gewinnen. Das war planfestgestellt. Und es ist längst Zeit, dass der Nothafen am Darßer Ort aufgelassen wird und verlanden darf. Ehefrau und Buchhändlerin Rosemarie unterstützte alle Vorhaben ihres Mannes. So manchen Gegenwind musste sie wie ein Sturmtaucher ertragen.

Beharrlich verfolgte Hartmut Sporns sein Ziel: den Schutz einer großflächigen Landschaft, in der küstendynamische Prozesse ablaufen und die Natur täglich ein anderes Bild zaubert. Nirgendwo ist der Übergang vom Wald zum Meer so nah wie am Weststrand des Darßes. Die in früher Kindheit geweckte Leidenschaft für Vogelbeobachtungen und Zählungen ist aus dem Leben des Naturschützers nicht mehr wegzudenken. Sie ist nützlich und zugleich entspannend, denn wenn man Vögel beobachtet, lässt man sich ganz auf die Tiere ein.

Foto: Hans Rahnenführer

Elke Erdmann, geboren 1950 in Boizenburg/Elbe, lebt und arbeitet seit 1971 auf dem Darß. Ihre journalistische Tätigkeit in Wort und Bild begann die ehemalige Lehrerin im Jahr 1991. Heute ist sie freiberuflich unter anderem für die „Ostsee-Zeitung" und für das Magazin „kultur kalender" vom Klatschmohn Verlag tätig.

Alle Fotos, die nicht gesondert gekennzeichnet sind, stammen von Elke Erdmann oder aus ihrem Archiv.

Die Deutsche Nationalbibliothek verzeichnet diese Publikation in der Deutschen Nationalbibliografie; detaillierte bibliografische Daten sind im Internet über http://dnb.de abrufbar.

Foto Cover oben: Thomas Grundner

Lagerstraße 7 | 18055 Rostock

1. Auflage 2022
Herstellung: Hinstorff Verlag GmbH
Lektorat: Thomas Gallien
Gestaltung: Iris Eschmann
Druck und Bindung: optimal media GmbH
Printed in Germany
ISBN 978-3-356-02405-0